破局的通天智慧

刘晚禾　著

人民东方出版传媒
People's Oriental Publishing & Media
東方出版社
The Oriental Press

图书在版编目（CIP）数据

破局的通天智慧 / 刘晚禾著 . -- 北京 : 东方出版社，2025. 4. -- ISBN 978-7-5207-4448-5

Ⅰ. C934-49

中国国家版本馆 CIP 数据核字第 20252C6W41 号

破局的通天智慧

（POJU DE TONGTIAN ZHIHUI）

作　　者：刘晚禾
责任编辑：王　艳
责任审校：孟昭勤　曹楠楠
出　　版：东方出版社
发　　行：人民东方出版传媒有限公司
地　　址：北京市东城区朝阳门内大街 166 号
邮　　编：100010
印　　刷：三河市嵩川印刷有限公司
版　　次：2025 年 4 月第 1 版
印　　次：2025 年 4 月第 1 次印刷
开　　本：710 毫米 ×1000 毫米　1/16
印　　张：8.75
字　　数：120 千字
书　　号：ISBN 978-7-5207-4448-5
定　　价：68.00 元
发行电话：（010）85924663　85924644　85924641

Preface 前　言

自古以来，那些名字镌刻于青史之上的英雄豪杰，哪一个不是在坎坷逆境中崛起，最终成就一番伟业的？东汉末年，群雄逐鹿，天下大乱。刘备，出身贫寒，以织席贩履为生，却胸怀大志。在乱世之中，他以仁德为怀，广施恩惠，收揽人心，成为乱世中的一股清流。他三顾茅庐，诚心诚意，最终请得卧龙先生诸葛亮出山相助，奠定了蜀汉帝业的根基。他又凭借自身坚韧不拔的毅力，运用善于识人、用人的高超智慧，从最初的毫无立锥之地，到最终建立蜀汉政权，三分天下有其一，成就了一段传奇。

我们所说的“智慧”并不是投机取巧、尔虞我诈的代名词。它可以是诸葛亮运筹帷幄之中，决胜千里之外的绝妙谋略；也可以是项羽破釜沉舟，背水一战的勇气；抑或是勾践卧薪尝胆，十年磨一剑的百折不挠的毅力；更可以是商鞅变法，敢为人先的胆识和魄力……在历史的风云变幻中，无数英雄人物正是凭借着恰当的“智慧”，突破重重困境，最终实现自己的宏图伟愿，名垂青史。他们将“智慧”与他们的信念、理想相互交融，如同金石般坚不可摧，共同书写了一段段波澜壮阔、可歌可泣的传奇。

翻开本书，我们如同推开了一扇通往历史深处的大门，可以一窥那些已被时间掩埋，隐藏在成功背后的权谋策略、外交手腕以及军事奇略等，从而可以领略古代英雄人物在政治、军事、经济等领域展现出的非凡智慧与过人勇气。让我们在浩瀚的历史长河中汲取智慧，以史为镜，借鉴前人的经验，在现实生活纷繁复杂的挑战中找到属于自己的制胜法宝吧！

目录 Contents

第一章

逆境破茧，以通天智慧展豪杰锋芒

逆境本身并不可怕，可怕的是在逆境中丧失希望，从而变得一蹶不振。面对逆境，我们需要运用非凡的策略化解危机，从而创造出令人惊叹的奇迹。

我创业失败了，感觉一切都没希望了。
小陈，你振作点！一次失败不算什么，重新开始就好。
来，我介绍你认识一下这位赵总，说不定他能帮到你。
唉，也只能试试了。我现在什么工作都愿意尝试。
赵总，这是小陈，他之前自己创业，经验很丰富。您这边如果有合适的工作机会可以考虑他。
哦？怎么不继续创业了呢？公司遇到什么问题了？
赵总说笑了，我只是想换个方向发展。
赵总，小陈最近心情不太好，您别介意。但他的工作能力肯定不会让您失望的。
我公司正好缺个销售主管，不过嘛……底薪不高，压力很大，就看你能不能吃苦了。
我不怕吃苦，只要有机会，我一定会全力以赴！

我一定要抓住这次机会，重新开始！
这次我们主攻A客户。他们有这个需求，我们也有这个实力！
项目
三个月后，小陈凭借之前的经验和不懈努力，为公司签下了一笔大额订单。
都是大家一起努力的结果，这是咱们团队的功劳，我只是做了我该做的事。
陈主管，你真是太厉害了！这单拿下来，咱们部门的奖金都翻倍了！
陈主管果然是人才，这次多亏了你啊！
机会来了！
陈主管，公司准备在A市成立分公司，你愿意当负责人吗？
谢谢赵总，我很愿意。
恭喜你啊，年薪百万，还成了新公司负责人。
多亏了你的鼓励和引荐，也谢谢赵总的信任，我会更加努力的！
逆境只是暂时的，小陈创业失败的阴影也已经彻底消散了，新的挑战才刚刚开始！

运用智慧洞察先机，耐心等待最佳时刻

“姜太公钓鱼，愿者上钩。”这句耳熟能详的俗语，讲述的是一位传奇人物的故事，他就是周朝的开国功臣，也是辅佐周武王伐纣的关键人物姜子牙。被后世尊称为“百家宗师”的他，人生经历充满了传奇色彩。他身上所体现出的谋略与耐心，是非常值得我们学习和借鉴的。

胸怀大志，等待时机

姜子牙，也称姜尚，出生于商朝末年。他虽然是没落贵族的后代，却自幼饱读诗书，通晓天文地理，尤其精通军事谋略，胸怀治国安邦之策。然而，商朝末年的君主纣王暴虐无道，以至朝纲混乱，姜子牙空有一身才华却无处施展。

为了维持生计，姜子牙早年曾以屠牛卖酒为生。尽管生活艰辛，但他始终没有忘记自己的理想，他相信总有一天，能够遇到赏识自己的明君，实现自己的抱负。

直钩垂钓，静待明主

传说姜子牙出山时已年过七旬。白天，他坐在河边垂钓，悠闲自得，与普通老者无异。只是他钓鱼的方式颇为奇特：他使用的鱼钩是直的，不挂任何鱼饵。而且鱼钩离水面很高，根本不可能钓到鱼。

人们看到姜子牙这种奇怪的钓鱼方式，都嘲笑他。有人好心劝道：“老人家，您这样是不可能钓到鱼的，不如换个方式吧。”姜子牙只是微微一笑，并不在意。他一边继续垂钓，一边说：“我‘钓’的不是鱼，而是王与侯。”

这句话听起来，无疑是自吹自擂。谁会相信一个年过七旬的老人，通过这种奇怪的方式能“钓”到王侯呢？姜子牙心中自有谋略。他知道自己要钓的不是普通的鱼，而是能够带领国家走向强盛的明君。他深信，这样的人物必然拥有过人的眼光和博大的胸襟，能够一眼就看穿他这“直钩垂钓”背后的深意。

他早就听说西伯侯姬昌胸怀大志，求贤若渴，于是便每日在渭水边“钓鱼”，等待着与这位明主的相遇。这看似荒诞的举动，正是姜子牙智慧的体现，他用这种独特的方式，成功地引起了西伯侯姬昌的注意。

渭水相遇，君臣相知

传说有一天，西伯侯姬昌外出狩猎，途经渭水时偶遇了正在钓鱼的姜子牙。姬昌久闻姜子牙的大名，早就想要拜访这位奇人，忙停下脚步，上前与他攀谈。两人从天文地理谈到治国安邦，从国家大事谈到百姓疾苦，越谈越投机。

姬昌被姜子牙的学识和见地深深折服，意识到这就是他一直在寻找的治世奇才，于是便真诚地邀请姜子牙出山，辅佐他治理国家。姜子牙通过交谈愈发确定姬昌是一位贤明的君主，心中也十分欢喜，便答应了他的请求，跟随他到了西岐。

运筹帷幄，兴周灭商

姜子牙积极向姬昌献计献策，帮助当地发展生产，增强兵力，制定了一系列政策。在姜子牙的帮助下，西岐逐渐强大起来，最终击败了商朝军队，建立了周朝。姜子牙也因为他的功勋，被封为齐地之主。

智慧与耐心，成功之钥

姜子牙的故事告诉我们，实现理想需要具备两个重要的品质：智慧与耐心。姜子牙熟读兵书，精通韬略，他“直钩钓鱼”的故事看似荒诞，实则是一种充满智慧的策略，以奇招吸引姬昌的关注，最终达到目的。

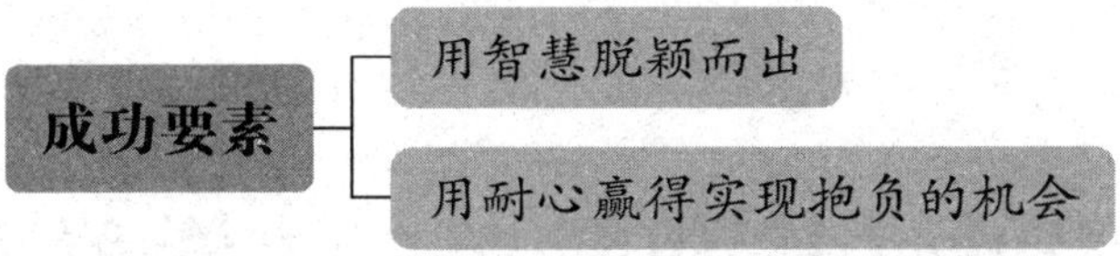

在遇到姬昌之前，他经历了漫长的等待，经受了许多挫折，但他始终没有放弃自己的理想和信念，这份耐心最终为他赢得了实现抱负的机会。他的智慧和耐心，都值得我们学习和借鉴。愿我们都能像姜太公一样，赢得属于自己的成功。

了解对手的性格和弱点，才能精准出击

战国时期，烽烟四起。这一时期，七雄争霸，英雄辈出，谋略与武力交织，刻画了一幕幕惊心动魄的历史画卷。其中，马陵之战可谓十分精彩。孙膑以其环环相扣的计谋大败魏军，展现了卓越的军事才能和对人性的深刻洞察。

同门殊途，恩怨交织

孙膑和庞涓这两位历史上著名的军事家都是鬼谷子的弟子。然而，相同的起点却未能让他们拥有相同的命运。孙膑温文尔雅，谦逊待人；而庞涓则心胸狭窄，争强好胜。庞涓深知孙膑的才华，既欣赏又戒备，唯恐自己在仕途上被孙膑超越。对他而言，胜负不仅关乎个人荣辱，更关乎国家利益，他必须赢。

在庞涓的设计下，孙膑遭受了膑刑，并被囚禁在魏国。然而，肉体上的折磨无法摧毁孙膑的意志，他在逆境中保持着冷静和理智，等待着翻盘的机会。最终，在齐国使者的帮助下，孙膑逃离魏国，来到了齐国。

虚张声势，诱敌深入

战国时期，魏国攻打韩国，韩国抵挡不住，便向齐国求援。齐威王命田忌为主将，孙膑为军师，率齐军救援韩国。孙膑为了让庞涓轻敌，便定下“减灶计”诱敌深入。

孙膑首先命令齐军进入魏国境内后，逐日减少灶坑数量，从十万灶减至五万，再减至三万。庞涓果然中计，以为齐军士卒士气低落、逃散严重，已经溃不成军，于是率领精锐轻骑兵快速追击，想要彻底击败齐军。

齐军故意表现出混乱逃窜的假象，引导魏军一路深入齐军精心设置的埋伏圈——马陵道。

马陵设伏，一击致命

马陵位于齐、魏两国交界处，道路狭窄，两侧树木长得又高又密，是设伏的绝佳地点。孙膑早已料到轻敌冒进的庞涓会在傍晚时刻到达此地，于是提前在马陵设下埋伏，等待魏军的到来。

夜幕降临，庞涓率领着疲惫的魏军如期而至。他看见有一棵树的树皮被剥掉，上面还刻了字，便停下来命人点火照明。但他还未读完，突然间万弩齐发，喊杀声震耳欲聋。庞涓意识到中了埋伏，却为时已晚，魏军大乱，死伤惨重。

孙膑以其卓越的智慧和谋略，成功地为齐国赢得了胜利。这场战争成为我国古代军事史上以少胜多、以弱胜强的经典战例。

智慧之光，洞察人性

马陵之战，孙膑深谋远虑、洞察人性，将战争的艺术发挥得淋漓尽致。他深知庞涓性格上的弱点——自负、冲动、急功近利，并巧妙地利用了这些弱点，步步为营，最终将其引入自己精心设计的陷阱。

孙膑的智慧不仅体现在军事谋略上，更体现在他对人性的深刻理解和洞察上。他能够准确地判断庞涓的心理状态，预见其可能的行动，从而制定出相应的对策。这种对人性的敏锐洞察使得他在复杂的战争环境中更易取得先机，最终取得决定性的胜利。

以史为鉴，知己知彼

知己知彼，是马陵之战留给我们的深刻启示。“知己”是指要对自身的优势、劣势有清晰的认识，包括自身的性格特点、能力水平、知识储备、资源优势等。只有对自己有深入的了解，才能扬长避短，发挥自身的优势。而识破对方的弱点，则能帮助我们在关键时刻抓住机会，扭转局势。知彼并非仅仅了解对方的表面，更要对对手接下来的行动进行预判。

有些人以其敏捷的思维见长，擅长深入剖析复杂问题；有些人则具备卓越的动手能力，擅长将理论转化为实际的解决方案；还有些人沟通能力强，能够与他人快速建立良好的人际关系网络并维护；也有些人富有创意，时常能提出新颖独到的见解与创意。

知己：认清自我，发挥优势

认清自己的优势，并将其应用到实际的竞争中，是取得成功的关键一步。比如你擅长写作，就可以利用这个优势参加写作比赛，或者在工作中承担文案撰写的工作，从而获得更好的发展。

同时，我们也要正视自身的不足，并积极弥补。人无完人，每个人都有自己的弱点和短板。对于自身的不足，我们不能视而不见，也不能妄自菲薄，应该采取积极的态度去面对，努力弥补。

知彼：洞察对手，把握先机

“知彼”是指要善于观察和分析竞争对手，了解他们的能力、计划、优点和缺点。只有既了解自己，又了解对手，你才能在竞争中保持优势，制定出更有针对性的计划。

在竞争中，我们不能只顾着埋头苦干，也要时刻关注竞争对手的动向。要像一位经验丰富的猎手一样，敏锐地捕捉对手的动态，分析他们的行动意图，预判他们的行动。

通过观察对手，我们可以学习他们的优点和长处，弥补自身的不足。同时，我们也要善于发现对手的弱点，并利用这些弱点来制定相应的策略，从而在竞争中抢占先机。

- **什么是知己知彼？**
  - 知己：认清自我，发挥优势
  - 知彼：洞察对手，把握先机

善于利用对方的弱点

在了解了自己和对手的情况之后，下一步就是“善于利用对方的弱点”。这就好比在拳击比赛中，你需要找到对手的防守漏洞，然后集中力量去精准打击，才能更有效地赢得比赛。

利用对方的弱点并不意味着采取卑劣的手段去攻击对手，而是要根据实际情况，制定出更有针对性的策略。比如，如果对手在某个领域经验不足，你就可以集中精力研究这个领域，从而在竞争中取得优势。

保持冷静，谨慎决策

在竞争激烈的环境中，保持冷静的头脑至关重要。冲动和情绪化可能会让我们做出错误的判断，而冷静和理性则能帮助我们做出明智的决策。

当面对压力和挑战时，要学会控制自己的情绪，不要被一时的得失冲昏头脑。要冷静地分析局势，权衡利弊，选择最有利于自己的行动方案。

“知己知彼，百战不殆”是我们在竞争中取得成功的秘诀。通过对自身和对手的深入了解，以及对对方弱点的精准打击，我们就能在竞争中占据主动，赢得最终胜利。

- **知己知彼，百战不殆**
  - 深入了解自身和对手
  - 精准打击对方的弱点
  - 在竞争中占据主动，赢得最终胜利

人在屋檐下，要学会低头

春秋时期是中国历史上一个诸侯割据、争霸频繁的时期。各个小国为了争夺霸权，斗争激烈。在众多诸侯国中，位于长江下游的吴国和越国是最有实力的两个国家。吴国经济发达，军事强大；越国虽然资源丰富，但初期实力较弱。两国之间的争霸，成了这一时期的焦点。

忍辱负重，蓄势待发

公元前 494 年，吴王夫差率兵迎战想要“先发制人”的越王和越军。越王勾践虽然英勇善战，但双方实力悬殊，最终不敌吴军，被围困在会稽山。生死存亡的时刻，勾践决定假意向吴国求和，以保全性命，静待时机东山再起。

勾践不仅向吴国投降，还亲自前往吴国为质。这一举动虽然备受屈辱，却是勾践深思熟虑的结果。

在吴国的三年，勾践受尽了屈辱。为了迷惑夫差，他装出一副甘心为奴的样子，为夫差牵马驾车，甚至尝粪问疾，以此来博取夫差的信任。他默默地忍受着屈辱，心中的复仇火焰却从未停止燃烧。他知道，只有暂时屈服，才能保存实力，为日后的复仇大业做准备。

励精图治，重振国威

回到越国后，勾践无时无刻不在提醒自己不要忘了这些耻辱。他睡觉不用褥子，而是睡在柴草之上；吃饭时，也要先尝一口苦胆。这种艰苦的生活不仅磨炼了他的意志，也让他更加坚定了复仇的决心。

在范蠡、文种等人的辅佐下，他开始了全面的改革。他大力发展农业生产，提高粮食产量，保障百姓的基本生活；整顿军队，训练精兵，提升军事实力；重用贤才，广施仁政，深得百姓拥戴。这些措施使得越国国力渐渐强盛起来，为日后的复仇大业打下了坚实的基础。

抓住时机，一雪前耻

经过多年的韬光养晦，勾践等到了绝佳的报仇时机。此时的吴国国力日渐衰落，夫差整日沉迷于享乐，忽视了对国家的治理，导致军队战斗力下降，民心涣散。勾践决定发动攻势，消灭吴国。

公元前475年，勾践率军攻打吴国。越军士气高昂，战斗力极强，吴军则因长期的懈怠而战斗力大减。两军交战，越军势如破竹般进攻，最终攻到了吴国的都城，并将这里包围了两年。夫差走投无路，绝望地自杀了，吴国就此灭亡。

勾践的成功源于他在困境中的隐忍与耐心。面对吴国的折辱，他没有急于反抗，而是选择了忍辱负重，静待时机。尽管内心充满不甘，但他深知只有忍耐才能积蓄足够的力量，增强越国的实力，战胜敌人。这种隐忍的智慧最终使他从困境中崛起，成功逆袭，赢得胜利。

隐忍不是无限度地退让，而是为了更好的爆发

在生活中，我们会遇到各种各样的挑战和挫折。面对这些困境，我们可以学习勾践的隐忍，不盲目、不冲动，遇事应先冷静地分析局势，等待最佳时机的出现。遇到不公的待遇时，我们先隐忍下来，思考自己是否也有不足，然后用实力证明自己，而不是意气用事，最终两败俱伤；遇到挫折和失败时，我们先隐忍下来，从中吸取教训，积蓄力量，为下一次的成功做好准备；面对竞争对手的挑衅时，我们先隐忍下来，不莽撞冲动，而要冷静应对，制订更加周密的计划，最终赢得胜利。

当然，隐忍并不是无限度地退让，更不是坐以待毙。隐忍是为了更好地爆发，是为了在关键时刻给予敌人致命一击。因此，在隐忍的同时，

我们也要不断提升自己的能力，积蓄力量，等待机会的到来。正如那句话所说：“机会总是留给有准备的人。”

当机会来临时，我们要果断出手，将多年的积累转化为胜势，最终实现自己的目标。勾践卧薪尝胆的故事告诉我们，只有将隐忍与行动相结合，才能最终取得成功。

隐忍是一种智慧，更是一种力量。它需要我们拥有坚定的信念、强大的内心，以及审时度势的智慧。让我们学习勾践的精神，在人生的道路上不畏艰难险阻，隐忍不发，厚积薄发，最终实现自己的目标，创造属于自己的辉煌！

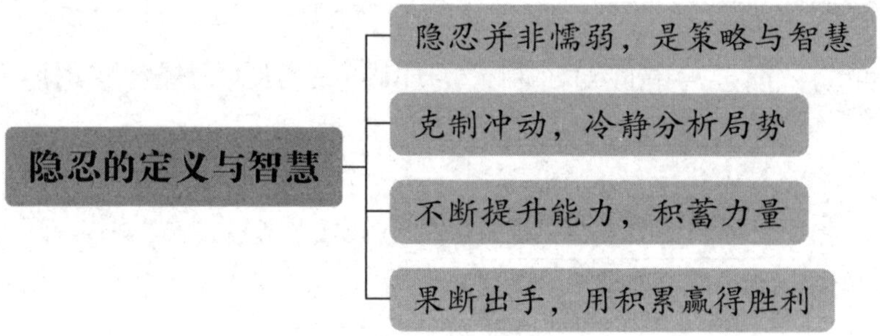

逆境中不盲目硬拼，要学会寻找突破口

春秋战国时期，硝烟弥漫，诸侯争霸，弱肉强食是这一时期的主旋律。这个时期，齐国在齐桓公的领导下凭借其优越的地理位置和雄厚的经济实力威震四方。然而，历史的车轮总是滚滚向前，盛极必衰似乎是一种难以逃脱的宿命。齐桓公离世后，齐国内部陷入了无尽的混乱与纷争之中，国力也随之日渐衰弱。

齐国沦陷，田单临危受命

公元前 284 年，燕国联合赵、魏、韩、秦、楚五国，组成了强大的联军，对齐国发起了猛烈的进攻。这便是历史上著名的“济西之战”。齐湣王骄傲自大，不听从忠臣的劝谏，盲目轻敌冒进，致使齐国在这场战争中遭受了重创。

联军如汹涌的洪水般势不可当，迅速攻占了齐国大片的领土，齐国的城池纷纷沦陷，百姓陷入了水深火热之中。转眼间，齐国仅剩下莒和即墨这两座孤城在顽强地坚守着，犹如狂风暴雨中的两艘孤舟，飘摇不定，岌岌可危。就在这生死存亡的关键时刻，田单挺身而出，肩负起了拯救齐国的重任。

这场战争不仅关系着齐国的生死存亡，更关系着无数百姓的命运。面对强大的联军，田单清楚，仅凭武力硬拼，无异于以卵击石，唯有依靠智慧和谋略，才能在这看似绝望的困境中寻得一线生机，扭转乾坤。

以退为进，保存实力

联军的攻势如排山倒海般猛烈，很快便席卷了齐国的大部分城池。田单站在即墨城墙上，望着城外密密麻麻的联军营帐。他心中深知，此时的局势极为严峻，任何轻率的行动都可能导致全军覆没。于是，他果断采取了“以退为进，保存实力”的策略。

一方面，他组织士兵们全力加固城防、修缮城墙、设置陷阱，积极准备各种防御工事。每一块砖石的堆砌和每一道壕沟的挖掘，都凝聚着齐军士兵们的求生欲望和对国家的忠诚。他们明白，只有守住这座城，才有希望迎来转机。田单还将自己的族人编入军队之中，并拿出自己的家产犒赏士卒。即墨军民深受感动，士气高昂，纷纷表示要誓死保卫即墨城。

巧施妙计，瓦解敌军斗志

田单深知，仅靠防守无法彻底扭转战局，必须想办法瓦解燕军的斗志，使其内部出现裂痕。他精心策划了一系列计谋，逐步削弱燕军的士气。

制造离间

田单派人潜入燕军营地，散布谣言，说只要把齐军俘虏的鼻子割掉并将齐军俘虏押到城下震慑守城的齐军，他们肯定会投降。燕军主将果然中计照做，这令守城的齐军无不愤怒。田单又派人散布谣言说，只要挖了即墨人城外的祖坟，即墨人就会投降。燕军主将再次中计，派人挖了即墨人的祖坟。即墨人个个怒不可遏，纷纷要求与燕军决一死战。

火牛阵

田单决定利用燕军夜间戒备松懈的时机，发动致命一击。他命令士兵收集千余头牛，在牛角上绑上锋利的刀刃，给牛尾巴绑上了涂满油脂的芦苇并点燃。千余头“火牛”怒吼着从城墙上挖好的洞中冲出，直奔燕军军营。

燕军士兵在睡梦中被惊醒，看到黑夜中冲来的“火牛”，又见随后有成千上万人组成的敢死队杀来，惊恐万分。未曾见过这种战术的燕军仓皇失措，四处奔逃中互相践踏，死伤无数，阵形彻底混乱。

火牛阵的成功极大鼓舞了齐军士气，也彻底击溃了燕军的斗志。燕军

在混乱之中节节败退，主帅也被齐军斩杀。田单率军乘胜追击，很快将燕军赶出了齐国。田单成功地以弱胜强，扭转乾坤。

寻找突破口，扭转乾坤

面对强敌，田单并未被困境吓倒，而是冷静地分析了局势，并以沉着的态度应对，最终实现了从失败到胜利的逆转。他的故事告诉我们，在逆境中不要盲目硬拼，要学会寻找突破点，以智取胜。

在绝境之中，最可怕的不是强大的敌人，而是看不到出路的绝望。当敌人步步紧逼，自己却孤立无援时，唯有找到突破口，才能打破僵局，逆风翻盘。面对燕军的重重包围，田单没有放弃。他在困境中寻找一线生机，最终利用火牛阵扭转乾坤，反败为胜。

突破口往往隐藏在最不显眼的细节中，需要我们调动敏锐的洞察力去发现。故事中的田单通过仔细分析战局，发现燕军因连战连胜而变得骄傲轻敌，阵形变得松散，防御也松懈了。即墨城中虽然兵力有限，仍然有可以利用的资源。于是，他顺势而为，将看似普通的牛变成了致命武器，打造出奇袭燕军的火牛阵，不仅让燕军在混乱中自相践踏，还为齐军争取了宝贵的反攻机会。

找到突破口后，能否果断执行也是关键。试想，如果没有坚定的决策和勇敢地执行的勇气，即便田单发现了火牛阵的可行性，一切也都只是空想。面对强敌，田单没有犹豫，而是迅速制订计划，亲自带领齐军反击。正是这种果断出手的勇气，使得齐军最终取得了胜利。

突破口不是天降的机遇，而是主动寻找、精准发现判定和大胆执行的结果。田单在困境中找到破局之法，并果断付诸实践，最终得以逆袭。无论是在战场，还是人生中，我们都会遇到看似无解的局面，但只要学会分析形势、发现机会，并勇敢迈出关键一步，就一定能打破困局，找到属于自己的胜利之路。

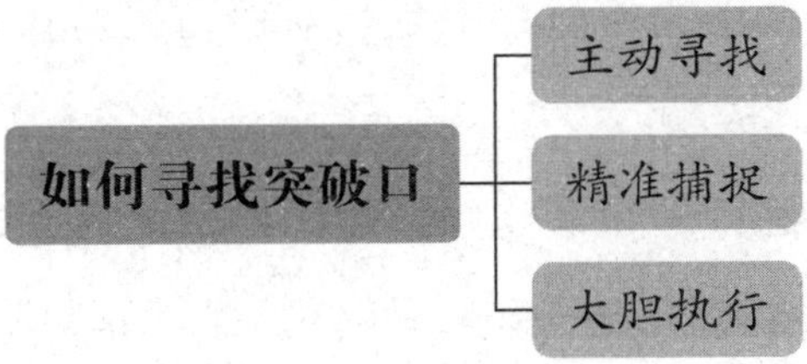

将敌人转化为朋友，将阻力转化为动力

在工作和生活中，我们可能会遇到强大的对手，他们或许是我们前进的阻碍。然而，真正的智慧并不是与对手盲目对抗，而是化敌为友，让对方助力自己走向成功。

历史上有许多智者都深谙此理，蔺相如便是其中之一。他在朝堂争斗中，成功地将“敌人”——廉颇，转化为最可靠的盟友。

负荆请罪

廉颇认为自己战功赫赫，应该更受赵王重视，蔺相如不过是凭借口才与小智谋讨得了大王欢心而已。他在众人面前说道：“我为赵国征战沙场，立下赫赫战功，蔺相如凭什么官职在我之上？”

这些言论迅速传入蔺相如的耳中，但蔺相如并没有因此与廉颇发生冲突。甚至有一次蔺相如在外出时遇到廉颇的车队迎面而来，他还命令车夫驶入小巷以避开廉颇，等廉颇的车队过去后才重新出发。蔺相如的行为让他的属下深感困惑和不解，忍不住问道：“您明明是赵国的上卿，地位高于廉将军，为何总是对他让步？”蔺相如平静地回答道：“你们觉得秦王厉害，还是廉将军厉害？”属下们答道：“当然是秦王。”蔺相如点头说：“不错。为赵国，我曾多次直言回击秦王，毫不畏惧，又怎么会害怕廉将军呢？在我心中，国家安危才是最重要的，若我们二人因为私怨而使赵国内部失和，外敌一定会乘虚而入。”

廉颇知道后深感震撼，认识到自己的行为是多么狭隘。他脱下上衣，背着荆条，亲自前往蔺相如的府邸请罪：“我廉颇为赵国浴血奋战，建立了不少功勋，但却只顾着争权夺利。幸亏您以大局为重！我实在是太羞愧了，请处罚我吧。”

蔺相如立刻上前将他扶起，说道：“将军请起！你我二人皆是赵国的栋梁，要共同为赵国的繁荣和安全而努力。过去的误会已经消除，何必再提？”

从此，廉颇与蔺相如彻底和解，两人携手合作，共同保卫赵国。

无论是在工作中，还是在日常生活中，我们都可能遇到不同形式的“敌人”和“阻力”。如果仅仅停留在对抗的层面，往往会陷入僵局，甚至消耗我们大量时间和精力。解决的关键在于如何从这些挑战中找到转机，甚至将潜在的威胁转化为合作的机会。

1. 职场矛盾：化解问题，提升合作

在职场中，我们常常会遇到与自己意见不合的同事或竞争对手，进而产生矛盾。这可能会在无形中阻碍我们的进步，甚至产生难以预料的后果。然而，正如蔺相如与廉颇的故事所示，与其将精力浪费在争斗上，不如寻找一种更为成熟和智慧的方式，化解冲突，寻求共赢。

例如，在面对比自己更优秀的同事时，我们可以通过观察和沟通找到彼此的共同点，在项目合作中携手共进，而不是将他们视为威胁。只有建立良好的合作关系，实现资源共享、优势互补，才能达到共赢的局面。

2. 商业竞争：将对手带来的压迫感转化为前进的动力

在商业竞争中，我们会遇到强大的竞争对手。在面对竞争对手带来的压力时，我们应该把压力看作是一种让自己成长的“挑战”，并尝试将阻力转化为推动自己发展的动力，才能真正释放自己的潜力，最终创造出更多的机会和优势。

例如，我们可以从竞争对手的策略和方法中汲取经验，学习他们成功的地方，他们失败之处我们引以为鉴。更为重要的是，通过分析对手的市场行为和优劣势，我们可以更好地为自己定位，从而在新的竞争格局中脱颖而出。

此外，商业中的“敌人”或许也能成为我们强有力的合作伙伴。通过合资、并购等手段，原本的竞争关系也可以转化为互利共赢的合作关系。正如蔺相如与廉颇的合作，竞争与对抗的局面最终能够通过智慧转化为共同发展的动力。

3. 个人成长：转变思维，学会转换角度看问题

在成长过程中，我们每个人都可能遇到心理上的“敌人”——自我怀疑、过于苛刻的期望，或是他人的质疑等。然而，与其将这些压力视为阻碍，不如将其视为提升和前进的动力，推动自己不断向前。通过改变思维方式，将“敌人”视为磨砺自己的一部分，我们能够在面对困难时保持积极的态度，充分发掘自身潜力。

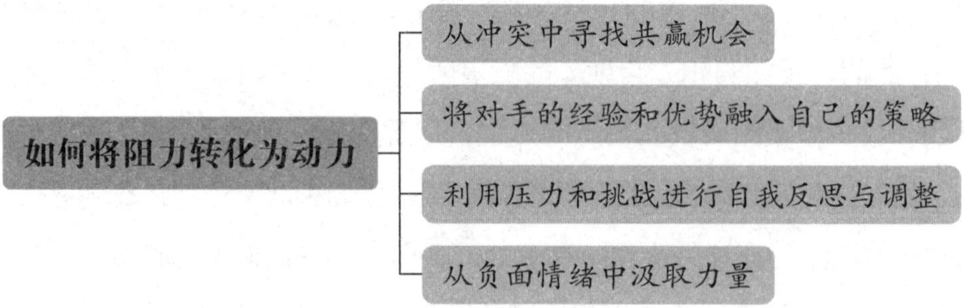

实际行动才是赢得人心的最佳“武器”

古人云：“言必信，行必果。”无论在任何时代，只有通过实际行动来践行承诺和责任，才能赢得他人的信任和尊敬。

战国时期，魏国的信陵君就是一位以实际行动践行忠义，最终赢得民心的英雄。

信陵君窃符救赵：忠义千秋的壮举

战国后期，七雄争霸，秦国凭借强大的军事实力不断蚕食六国领土。公元前 257 年，秦军围住了赵国的都城邯郸，秦昭襄王扬言，谁敢来救，等他将赵国灭掉后，接下来便会去攻打谁。危急之下，赵国向魏国求援。魏国国君魏安釐王因畏惧秦昭襄王的威胁，命魏军主将晋鄙按兵不动。赵国的局势越来越紧迫。

魏安釐王的弟弟信陵君魏无忌一直以礼贤下士、广交门客著称。他深知赵国一旦陷落，秦国势力将进一步扩张，而魏国也将受到威胁。因此，他强烈主张出兵救赵，但魏安釐王害怕得罪秦国，不肯同意。

信陵君明白，若不采取果断行动，赵国危在旦夕。他决定自己前往赵国，与秦军拼个你死我活。

侯嬴献策，盗取兵符

临行前，信陵君向他的门客侯嬴请教对策。侯嬴是一位经验丰富的谋士，早年曾在魏国担任监门小吏，对朝廷运作颇为熟悉。侯嬴告诉信陵君，若想迅速调动魏国军队，唯一的办法就是取得调兵的兵符，而兵符藏在魏王的寝宫内，只有他的宠姬如姬才能拿到。

如姬的父亲曾被魏国的权臣所害，信陵君为她报了仇，这一举动深深打动了如姬，让她对信陵君产生了深厚的敬意和信任。她成功帮助信陵君取得了兵符，为信陵君争取了救助赵国的条件。

果断出兵

拿到兵符后，信陵君带领自己门下的宾客直奔魏军驻地。他出示兵符，命令主将晋鄙立即出兵。晋鄙虽见到兵符，但仍然有所疑虑，不敢贸然行动。信陵君见状，果断决定亲自统率魏军。他斩杀晋鄙，率领八万精兵迅速赶往邯郸解围。

到达邯郸后，魏军与赵军合力作战，最终击退了秦军，解除了赵国的危机。赵孝成王感念信陵君的恩情，给予了他极高的礼遇，而魏国也因此得到了赵国的感激与信任。信陵君的这一举动，不仅解救了赵国，也阻止了秦国在战国后期的进一步扩张，魏赵两国的关系更加紧密了。

信陵君窃符救赵不仅仅是一场军事行动，更是一种智慧、勇气与责任的体现。在魏安釐王畏惧秦国、不愿承担风险的时候，信陵君没有消极等待，而是果断决策，迅速采取行动。这不仅展现了他的胆识与担当，也帮助他以坚定的信念和实际行动赢得了赵国的信任、魏国的民心以及世人的尊敬。

1. 等待不如主动，果断行动，创造价值

在职场的竞争中，许多人习惯等待最佳时机出现后再出手。然而，真正的成功往往属于那些果断行动、敢于突破现状的人。信陵君没有被魏安釐王的犹豫所束缚，而是通过“窃符救赵”直接改变了当时的局势。这告诉我们一个道理，在面对危机或机遇时，不应止步于讨论，犹豫不决，而应当迅速决策，制订并执行方案，以取得最佳结果。

2. 规则固然重要，但关键时刻更要突破障碍

信陵君“窃符”本质上是打破了魏国朝堂的僵局，以非常之策解非常之困。在工作中，我们也会遇到制度上的阻碍，若一味墨守成规，可能会错失重要机会。适时调整策略、灵活变通，才是解决问题的关键。

3. 借助外部资源，整合力量合作共赢

信陵君深知自己无法独自调动魏国军队，因此他求助了侯嬴和如姬，最终成功取得了兵符。这说明，在解决重大问题时，不要一味坚持单打独斗，而应善于整合资源，借助适合的人和渠道来达成目标。

4. 影响力源于信任，信任源于行动

信陵君长期以来广交门客，以礼待人，最终在关键时刻获得了众人的支持。门客愿意为他出谋划策，如姬愿意冒险帮助他，这都缘于他长期积累下来的良好信誉。我们在现代社会中也应如此。一个人的影响力不取决于他的职位或财富，而取决于他是否值得信赖，是否愿意承担责任并兑现承诺。

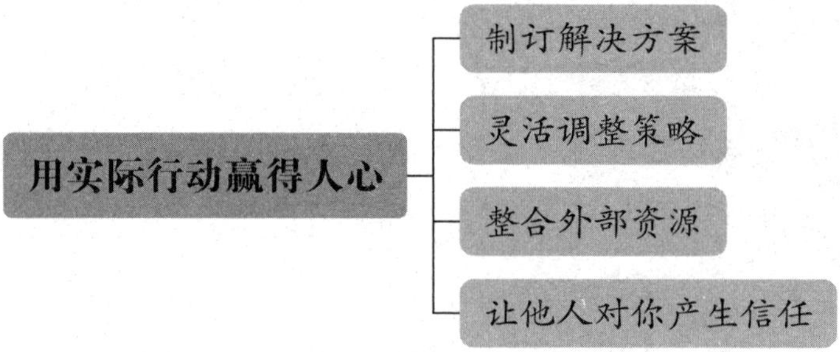

第二章

绝境觅机，用通天智慧寻勇者契机

身处绝境该如何寻觅生机呢？本章将为你揭秘那些化腐朽为神奇的“通天智慧”，助你在困境中找到属于你自己的机遇，开辟新的道路。

现在大环境不好，同行都在缩减成本，我们广告投放的力度不如从前了……
第二季度业绩下滑15%，大家都说说，什么原因？
竞品公司最近推出了一个爆款产品，抢占了不少市场份额……
不能再这样下去了！一定要找到新的突破口，否则……
兄弟，你是资深商业顾问，我遇到了难题，想向你请教应该怎么办……
我听说了你们公司的情况。别焦虑，现在“抱团取暖”或许是个不错的选择。
你们可以和其他企业合作，比如××科技。他们有强大的技术支持，而你们有成熟的市场渠道，合作形成优势互补，双方共同发展。
好主意！我这就去联系他们。
各位，我们要开始新的战略合作！我去联系××科技和××传媒，尽快安排会议！

于总，这次与××科技的合作非常顺利！他们的技术团队对我们的产品非常感兴趣。
这只是第一步，继续努力，争取和××传媒也达成合作。
打破固有模式，才能在困境中找到生机。
接下来的季度，我们的重点是……
明白！
于总，那创想公司那边要继续跟进吗？
现在市场波动很大，和创想的合作可以暂缓……
想要成功，虽然目标很重要，但是方法也要灵活，要根据变化调整策略。
于总，根据最新数据，我们公司业绩和上季度相比，提升了不少！
很好！感谢大家这段时间的辛苦付出！

最高明的博弈是抱团取暖，寻求发展

如何在强敌环伺的竞争环境中生存并壮大？最高效的方式不是单打独斗，而是整合资源、团结盟友，形成强大的团队合力发展。历史上，能够成就霸业的领袖往往具备这种能力。

汉高祖刘邦在楚汉之争中并非最强者，却最终击败了战无不胜的西楚霸王项羽，完成了从草根到帝王的逆袭。刘邦的胜利绝不仅仅是军事上的成功，更是战略布局、权谋外交的胜利。他善于与他人抱团取暖寻求发展，并在绝境之中整合资源，最终逆风翻盘，成就霸业。

鸿门一席，虎口逃生成霸业

公元前 206 年，秦朝已是风雨飘摇，各地反秦势力纷纷崛起。刘邦的人马攻占了咸阳附近的武关，随后又率先攻入咸阳。最终，秦王子婴投降，秦朝正式灭亡。按约定，先入咸阳城者为王，刘邦理应获得这片战略要地。然而，项羽率领四十万大军渡过黄河，攻入函谷关，直到新丰、鸿门才驻扎下来。这里距刘邦军队驻扎地仅有四十里路！刘邦军队的士兵远少于项羽军队，战斗力也远不及他们。

项羽的谋士范增敏锐地察觉到刘邦的威胁，认为此人野心勃勃，若不尽早除掉，将来定会成为项羽最大的对手。他多次劝项羽趁刘邦势弱之时，将其除掉。项羽虽然对刘邦有所忌惮，但仍心存犹豫，不愿轻易下手。为了试探刘邦的态度，项羽在刘邦来鸿门拜见时宴请他，表面上是犒赏，实则暗藏杀机。

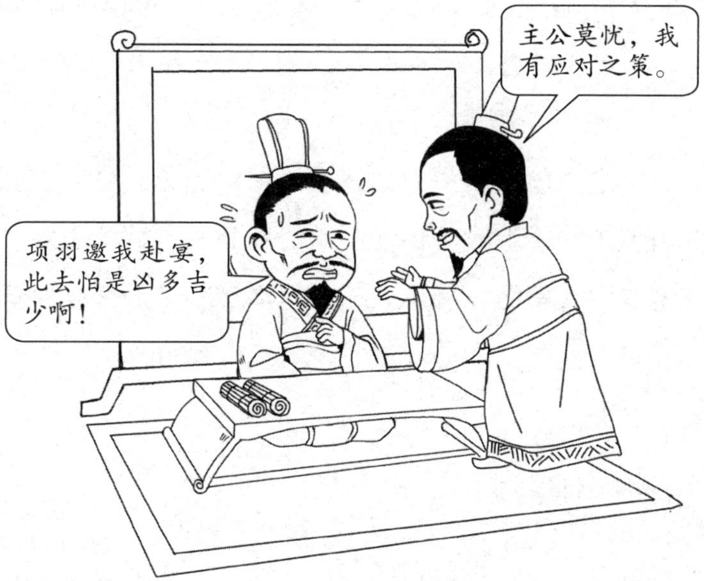

在宴会上，刘邦采取了一种极为巧妙的策略——示弱求和。他向项羽表明自己只是误入，自己完全没有与项羽争锋的野心，并愿意让出咸阳城，以示诚意。同时，他还以大量财宝、美人相赠，试图消除项羽的戒备心理。

然而，范增依然不放心，他不断向项羽示意，催他尽快杀了刘邦，但项羽却心软了。在范增的指使下，项羽的亲信项庄拔剑起舞，伺机靠近刘邦，试图趁机行刺，而和刘邦结成儿女亲家的项伯却替刘邦挡了剑，还拔剑和项庄共舞！气氛瞬间紧张了起来。就在这千钧一发之际，刘邦的随从樊哙闯入了宴会，他慷慨激昂地指责项羽失信，并斥责项庄行事不义，震慑住了项羽的众将。

项羽被樊哙的气势所惊，听了樊哙的话后心中颇感羞愧，他不但没有下令杀刘邦，反而赐了樊哙一卮酒和一条猪腿，以示尊敬。刘邦借机提出要上厕所，然后趁夜色迅速撤离，成功摆脱鸿门宴的危机。

鸿门宴后，刘邦彻底意识到和项羽不可正面硬拼，因此他采取了避其锋芒、积蓄力量、拉拢盟友的策略。在接下来的战争中，刘邦巧妙运用政治手腕，与诸侯结盟，对项羽形成了包围之势。

与此同时，他不断强化军队，改进治理手段，最终在垓下彻底击败了项羽。楚汉之争就此结束，刘邦成为最终赢家，建立汉朝。这一系列策略充分展现了抱团取暖、谋求发展的智慧。刘邦的胜利并不是靠个人武勇，而是靠整合资源、善用人才、灵活应变，最终化解危机，稳步前进。

如何在竞争中突破

回顾刘邦的成功之路，我们可以总结出身为领导者应当具备的关键品质：善于倾听并采纳他人意见、擅长团结不同背景人士的力量、坚定不移地追求目标以及在逆境中保持冷静和坚定信念。

在全球化日益加深的今天，学会如何“抱团取暖”，通过合作而非单纯竞争来寻求发展是非常重要的。正如刘邦通过智慧和勇气开创了自己的帝国，相信我们每个人也能通过借鉴历史经验，在各自的领域内取得成功。

1. 识时务者为俊杰，懂得示弱，以求生存

在现实世界里，许多人往往过于急功近利，容易逞一时之快而失去长远发展的机会。真正高明的人懂得在不利的环境中韬光养晦，等待最佳时机。就如刘邦在鸿门宴上没有与项羽正面起冲突，而是选择示弱以缓和局势，最终成功脱身。

2. 善于整合资源，打造合作共赢的局面

在现代商业竞争中，企业要想在市场中站稳脚跟，单靠自身资源远远不够，关键在于整合上下游资源，与合适的合作伙伴结盟，共享利益，才能实现长期稳定发展。就如刘邦能够逆袭，靠的并非单打独斗，而是广泛结盟，共同对抗项羽。

3. 关键时刻，果断决策

在现实中，许多成功的企业家和领导者，在面对危机时都展现出极强的决策力。犹豫不决往往会错失良机，而果断行动则能抢占先机，赢得主动权。就如刘邦在鸿门宴上快速应变，以及逃出后迅速积蓄力量，最终促成了他在楚汉之争中的胜利。

刘邦的胜利绝非偶然，而是一场关于智慧、策略与人心的较量。他用示弱求存、联盟合作、果断行动的策略，最终逆袭强敌，赢得天下。这个历史故事告诉我们，在任何竞争环境中，最强的人不一定是最勇猛的那个，而是最会整合资源、善用策略的人。

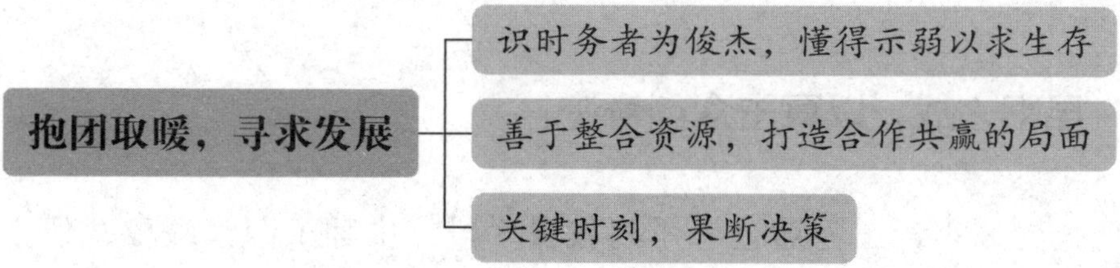

迎难而上，才能突破自我

在动荡的历史中，总有一些人在面对困境时能够迎难而上，凭借超凡的智慧和决心，既改变了自己的命运，也改变了时代的走向。在面对困境时，只有那些敢于突破舒适区、勇敢迎接挑战的人，才能实现真正的自我超越。

那么，东汉的开国皇帝刘秀是如何在昆阳之战中，带领他的军队突破强敌的围困，取得胜利的呢？我们又能从中获得哪些对于职场、生活和人际关系的重要启示呢？

昆阳之战，以寡击众创奇迹

公元 8 年，王莽通过一系列权谋手段，推翻了西汉政权，建立了新朝，并实行变法。王莽的统治并未受到百姓的认可，相反，广泛的改革政策激起了民众的不满与反抗。加之自然灾害、经济凋敝等社会问题，王莽的统治日益不稳，许多地区陷入了动乱。

刘秀，一个本是汉朝宗室后代的青年。他在大乱之中，毅然选择投身到反抗新朝统治的绿林军中。

加入绿林军后，刘秀凭借着极高的智慧与非凡的领导能力，迅速赢得了士兵们的支持。他不仅在战术运用上屡次获胜，更在精神上成了绿林军的核心人物。刘秀接手绿林军时，这支队伍虽然庞大，但在装备、士气等方面都不如新朝的正规军。面对这样悬殊的战力差距，刘秀没有退缩，而是不断调整战略，巧妙应对敌军的进攻，逐步建立起自己的威望。

昆阳城下的生死决战

昆阳之战是公元 23 年发生的一场影响深远的决定性战役。当时绿林军给新朝政权造成了巨大压力，王莽决心彻底摧毁绿林军，于是派遣了由大司空王邑等人率领的数十万大军，向昆阳发起进攻。昆阳是绿林军的重要根据地之一，具有重要的战略地位。

昆阳战役的初期，王莽军凭借压倒性的兵力优势，迅速开始攻城。

面对敌军的猛烈攻击，昆阳岌岌可危。在这一关键时刻，绿林军内部出现了分歧，一些将领主张撤退，认为继续抵抗无望。然而，刘秀却坚决反对。他认为，昆阳一旦失守，不仅会导致绿林军的全军覆没，还可能让新朝的势力迅速恢复。于是，刘秀决定采取大胆的策略——留下一部分兵力坚守昆阳，吸引王莽军的主力，而他自己则带领精锐部队绕道袭击敌军的侧后方，猛攻他们的大本营。

从守势到主动出击

刘秀的战略眼光并不仅仅体现在战争的前期部署上。在敌军的连续攻击下，昆阳城内的许多士兵心生退意，士气一度低落。刘秀凭借自身的领导力并采用多项措施鼓舞士气，成功稳定了守军情绪，并全力备战。他亲自参与城防部署，带领士兵们加固城墙、准备防御物资，并号召大家坚持下去，只要坚持住，就有希望。

接下来，刘秀实施了预定的计划。他挑选精锐部队从城中杀出，成功袭击了敌军的大本营。这出其不意的进攻，让王莽军陷入了混乱，刘秀也趁机率兵全线反击。绿林军的士气如猛虎下山，瞬间突破敌军防线，敌军将士在混乱中溃败。刘秀身先士卒，冲锋在前，极大地鼓舞了士气，最终取得了胜利。

昆阳之战的胜利对刘秀个人及当时的整体局势都产生了深远的影响。这场胜利不仅削弱了新朝的统治力量，还让刘秀获得了极高的威望与声誉，为他后来的建国称帝奠定了基础。正是因为刘秀在关键时刻敢于迎难而上，突破了眼前的困境，才有了后来的成功。

突破自我，迎接挑战

1. 迎接职场挑战

在职场中，我们常常会遇到各种困难和挑战。许多人可能会选择避开这些挑战，挑选一个相对安稳的环境。然而，刘秀的故事告诉我们，突破自我的关键在于迎接挑战。在职场中，只有勇敢走出舒适区，尝试迎接更大的工作压力和责任，才能真正实现自我突破。

2. 主动化解人际冲突

在人际交往中，我们也会遇到不顺心的时刻，有时是与同事有矛盾，有时是与上司意见不合。很多人可能选择回避冲突，避免与他人对立。然而，正如刘秀在困境中通过智慧和勇气化解危机一样，我们在处理人际关系时也要勇于迎难而上。面对问题时，不妨主动沟通，提出建设性的解决方案，这样才能实现真正的自我超越。

3. 突破瓶颈期

每个人在成长过程中都可能遇到瓶颈期。此时，我们需要像刘秀一样，重新审视自己的处境，思考如何突破自我。无论是在学习新技能、扩展视野方面，还是在锻炼身体、培养心理素质方面，我们都应在能承受的范围内勇于尝试突破舒适区，接受新的挑战。每一次突破，既是对自身极限的挑战，也是自我成长的机会。

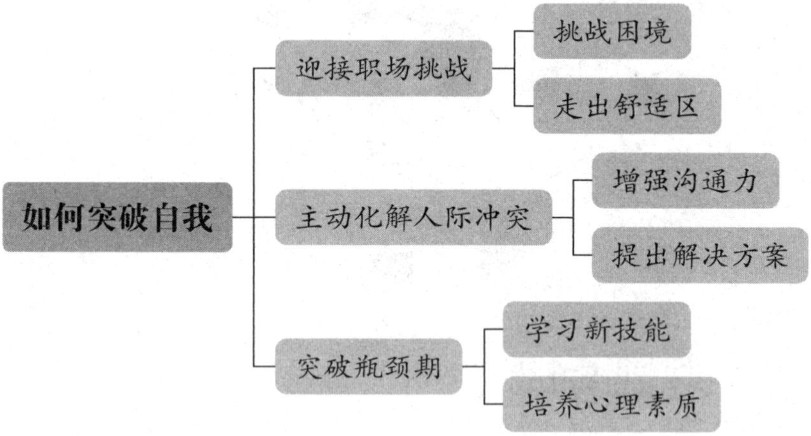

目标要明确，手段要灵活

在动荡的历史洪流中，许多战争不仅仅是兵力的较量，更是战略与智慧的博弈。如官渡之战中，曹操凭借卓越的战略眼光和灵活的手段，战胜了袁绍，最终统一了北方。接下来，我们将以官渡之战为例，探讨“目标与手段”的结合，分析历史背后的智慧，并将这些智慧延伸到现代职场、生活和人际关系中，帮助我们明确目标，更加灵活地应对挑战。

官渡风云，以少胜多败强敌

官渡之战发生在东汉末年，当时政权动荡、群雄割据，曹操与袁绍是其中两位最具实力的枭雄。袁绍拥有广阔的疆域、强大的兵力和丰厚的资源，坐拥冀、青、幽、并四州之地，手下士兵多达数十万。他出身名门望族，背景深厚，曾通过一系列的政治手段逐渐巩固自己的霸主地位。

面对这样的强敌，曹操显得似乎有些劣势。和袁绍相比，他的军队人数不足、资源匮乏，其出身亦不显赫。然而，曹操却凭借卓越的战略眼光和过人的军事才能，逐步壮大了自己的势力，成为北方领土最强的竞争者之一。

官渡之战初期，袁绍利用兵力优势发起了猛烈进攻，目标是尽早摧毁曹操的主力。袁绍派遣颜良率军进攻白马，试图切断曹军的后路，逼迫其陷入绝境。袁绍此举意图以兵力压倒曹军，然而曹操却早有准备。

曹操没有与袁绍正面硬拼，而是通过巧妙的计策来应对。首先，他采纳了谋士荀攸的建议，采用了“声东击西”的策略。曹操假装集中力量进攻延津，吸引袁绍的主力向这一方向集中，而自己则亲率精锐骑兵绕道突袭白马。这一策略不仅帮助曹军解了围，还让袁军的布局发生了混乱。曹操通过机动灵活的战术，让敌人陷入了自己布下的陷阱。

断粮袭营，曹操的高效手段

随着战事的推进，双方在官渡对峙数月，袁绍虽然兵力众多，但因为补给线漫长且粮草运输困难，已渐显疲态。曹操凭借对时局的敏锐洞察，意识到粮草问题是取得这场战争胜利的关键。

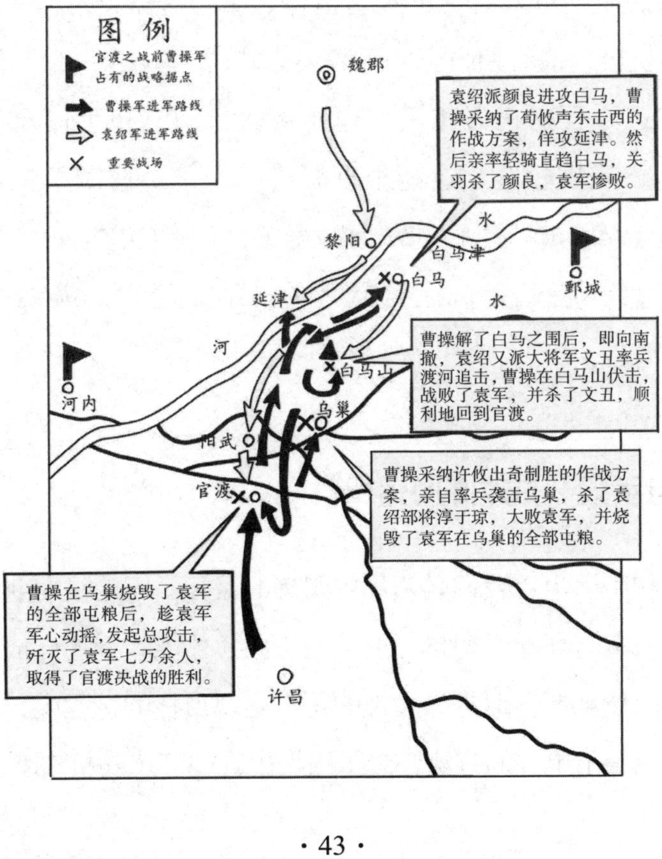

曹操决定切断袁军的粮草供应。经过周密的部署，曹操采纳了谋士许攸的建议，率领精锐部队奇袭袁绍的粮草大本营——乌巢。

乌巢失守导致袁军大乱，士兵们恐慌不已。粮草断绝后，袁军的作战能力被严重削弱。曹操趁势发动总攻，最终将袁军击溃，袁绍不得不带领少数亲兵向北逃亡。

目标与手段的思考

袁绍的失败，不仅仅是因为他性格优柔寡断、刚愎自用。他虽然胸怀壮志，但缺乏将这些志向付诸实践的有效手段。袁绍依赖家族势力过重，未能有效组织军队，导致军心涣散。与此同时，他贪图个人享乐，不关心士兵死活，也未能真正建立起与下属的信任关系，进而错失了战略上的关键机会，最终使自己陷入困境。

曹操在这方面则正好相反。他始终目标明确，手段灵活，不仅审时度势，善于识别机会，还能根据战局的变化迅速调整策略。在指挥上，他尊重士卒，知人善任，从而赢得了士兵们的忠心。在战略和战术的执行上，曹操将远大目标与灵活手段结合起来，最终成功击败了袁绍。

目标与手段，成功的双引擎

在工作和生活中，我们必须具备明确的目标。无论是职业规划，还是个人生活，只有清晰地了解自己追求的方向，才能找到通向成功的道路。当然，目标固然重要，但更为关键的是在实现目标的过程中，我们需要灵活应对，不拘泥于单一的方法，善于根据不同的环境随机应变。

在职场上，我们常常面临复杂多变的局面，环境、需求和条件时刻都有可能发生变化。如果我们始终坚持单一方式而不根据实际情况调整策略，往往会失败。因此，灵活的手段是实现目标、应对挑战的关键法宝。这意味着我们需要不断更新自己的知识和技能，灵活地调整工作方法和策略，以应对不断变化的局面。

在处理人际关系的过程中，目标与手段的灵活性同样至关重要。与他人交往时，我们首先要明确自己的交往目标，然后根据对方的性格、背景和具体情境灵活调整交流方式。通过理解和沟通建立起良好的关系，才能实现个人和团队的共同目标。在职场中，尤其是在与上司和同事合作时，我们常常会遇到不同的意见和工作风格，明确目标并灵活调整手段，是实现高效合作的关键。

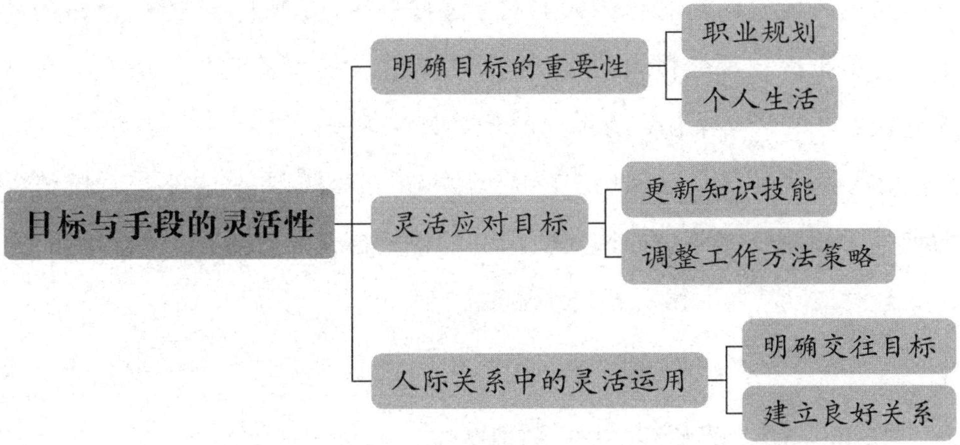

谋略与时机的结合才是制胜的关键

在任何一个领域，成功不仅仅依赖于单一的因素，而是多种因素的有机结合。无论面对的是强大的对手还是复杂的局面，正确的策略和精准的时机把握，都能将原本不利的局面转化为胜利的契机。历史上有许多有代表性的经典案例，赤壁之战便是其中之一。

赤壁之战不仅是三国历史中一场关键的战役，更是谋略与时机结合的典范。周瑜与诸葛亮通过对敌情的准确把握，结合环境以及自身的优势，最终成功战胜强敌，扭转了战局。

群雄逐鹿，赤壁之战一触即发

东汉末年，朝廷腐败，中央政权衰弱，各地群雄崛起，争霸天下。曹操、孙权、刘备三大势力开始争夺权力的高地。曹操在官渡之战中击败袁绍后，花了七年时间将北方统一，接着将目光投向南方。此时，刘备和孙权分别占据荆州和江东，形成了对曹操的合围之势。

曹操欲一统天下，南下征战势在必行。此时，刘备在荆州的形势愈加严峻，迫切需要借助外力来对抗曹操。而孙权虽然在江东，也面临曹操强大的威胁，但他并未盲目出兵，而是选择了与刘备联合，共同抵御曹操的侵略。

运筹帷幄，周瑜与诸葛亮联手破敌

周瑜是东吴的杰出将领，他才华横溢，精通军事，具有卓越的领导才能和战略眼光。诸葛亮则是刘备的军师，足智多谋，善于谋划全局。虽然各自代表着不同的势力，但为了共同的目标——击败曹操，他们决定联手合作。

两人在赤壁之战前进行了详细的敌情分析。曹操的军队大多数由北方士兵组成，不熟悉水战，且水土不服，体力和士气受到影响。周瑜与诸葛亮意识到，曹操兵力虽然强大，但其水战能力较弱，且长途跋涉后疲态尽显，这为他们提供了好机会。

周瑜和诸葛亮决定采用火攻。他们计划借东风之力，发动火攻。为了达到这个目的，周瑜手下大将黄盖假装向曹操投降，通过一场巧妙的“苦肉计”，获得了曹操的信任。

火攻的时机：战役的关键转折

火攻之计的实施，是赤壁之战的重点。根据诸葛亮的预判，东风如期而至。黄盖带领二十只战船在靠近曹操的船队时，迅速将船点燃，火势在东风的助力下蔓延开来，曹军的战船瞬间陷入了熊熊火海。

曹操为便于指挥和互相支援将战船绑在一起，反而让曹军陷入了困境，只得眼巴巴地看着战船被烧个精光，战士们仓皇应战，死伤过半，只得灰溜溜地逃跑了。周瑜和诸葛亮凭借恰当的时机与机智的谋略，成功地发动了水陆双重进攻，最终打败了曹操的大军。

赤壁之战的胜利对当时的局势产生了重大影响。首先，它极大地削弱了曹操的势力，使得曹操短期内无法再发起大规模的南征，被迫退回

北方休养生息。这为孙权和刘备在南方的发展赢得了宝贵的时间。其次，赤壁之战奠定了三足鼎立的局面。孙权巩固了自己在江东的统治地位，势力进一步扩大。刘备则开始不断扩大领地。三方之间形成了相互制衡的局面，这种局面持续了数十年之久，对中国历史的发展产生了重要的影响。

从赤壁之战看谋略与时机的结合

赤壁之战不仅仅是一次战役，更是对我们在现代职场和日常生活中如何把握时机、运用策略的重要启示。我们可以从这场战役中提炼出几个关键的策略，帮助我们在复杂多变的环境中立于不败之地。

1. 信息的作用：精准掌握敌情与局势

在赤壁之战前，周瑜和诸葛亮通过情报的搜集，精准掌握了曹军的弱点，这一点对制订策略至关重要。在职场和商业竞争中，及时获取准确的信息和数据，同样也是我们做出正确决策的基础。无论是市场动向，还是团队内部的状况，了解真实的情况并在此基础上制订应对策略，才能最大限度地发挥我们的优势。

2. 时机的把握：选择合适的时机行动

诸葛亮通过观察天象，预测东风的来临，为火攻找到了最佳时机。这个决策的成功是因为他们在合适的时刻采取了正确的行动。在现代职场中，时机同样重要。决策的时机是否恰当，直接决定了其能否成功。在业务拓展、产品发布、重要会议等场合，抓住市场变化、行业机会或人际关系中的“窗口期”，能让我们在竞争中脱颖而出。

3. 虚实结合：用策略迷惑对手

周瑜和诸葛亮巧妙地通过黄盖的诈降制造了假象，让敌人轻敌。这一策略的关键在于“虚实结合”，即通过“示弱”来掩盖真实的实力，诱使对手做出错误判断。在职场中，这种策略也非常有效。适时地“示弱”或“低调”，可以让对方放松警惕，从而为自己争取更多的机会。无论是在商业谈判还是在人际交往中，适当的虚实结合，能让我们占据有利位置。

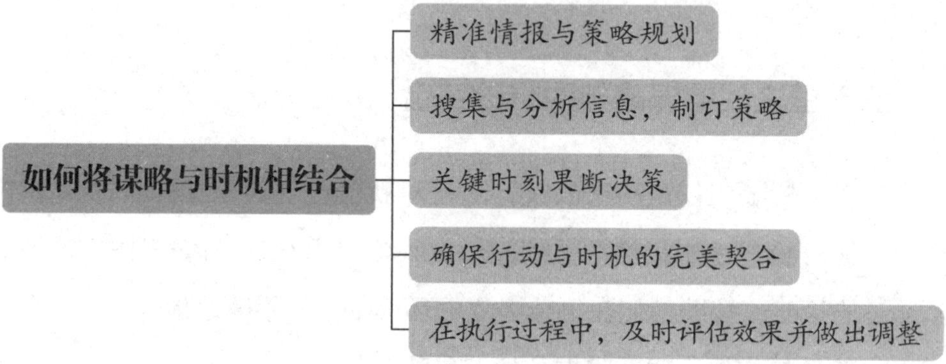

凡事要审时度势，冷静决策

在复杂的局势中，审时度势、冷静决策往往是决定胜负的关键。尤其在面对强大对手或无法预见的变化时，冷静地评估当前形势，合理调整自己的行动计划，通常能够带来出人意料的转机。

如何在敌强我弱时，以巧妙的策略逆袭？如何在复杂的环境中，避免情绪化决策，做到理性应对？这些问题不仅仅是战场上面临的挑战，更是我们在生活和工作中时常遇到的困境。三国时期的名将陆逊在夷陵之战中的胜利，正是他深谙审时度势、冷静决策这一法则的结果，他通过一系列精妙的布局，最终将强敌击退，保卫了东吴。

少年英才，崭露头角

陆逊，字伯言，出身于江东大族之家。他自幼聪慧过人，饱读诗书，对兵法谋略更是有着浓厚的兴趣。他最初在东吴政权中担任文职，凭借出色的才能和勤勉的作风，赢得了孙权的赏识。在夷陵之战中，陆逊充分展现了他的军事天赋和智谋手段，大败刘备率领的蜀军。

夷陵之战的前奏：蜀吴关系的紧张

公元 221 年，刘备在益州建立蜀汉政权后，志在复仇并夺回东吴手中的荆州。关羽被吕蒙杀害后，刘备对东吴的仇恨逐渐升级。最终，他决定发动东征，攻打东吴，夺回荆州。这一计划成为蜀吴关系的重大转折点，也为陆逊的军事生涯提供了最具挑战性的考验。

此时的东吴内外压力巨大，孙权在深思熟虑后决定任命陆逊为大都督，统领东吴所有军事力量，抵御蜀军的进攻。面临蜀军强大而集中的攻击，陆逊既要稳住东吴内部的军心，也要设法化解蜀军的进攻，如何

调兵遣将才能取得胜利呢？

以退为进：诱敌深入的战略布局

在蜀军进攻东吴的过程中，尽管蜀军兵力强大，且进攻势头猛烈，但陆逊并没有正面迎击。相反，陆逊决定采取“以退为进”的策略。这一策略的核心并非单纯的撤退，而是通过假装防守、诱敌深入，迫使蜀军过度消耗其兵力和资源，从而为反击创造有利条件。

陆逊深知蜀军经过长途跋涉，士兵早已疲惫不堪，且蜀军对东吴的地理环境并不熟悉。而东吴虽兵力较少，但地势复杂且军心稳定，这为东吴提供了坚实的防守基础。陆逊命令东吴军队在各地坚守阵地，避免与蜀军展开大规模的正面交锋。

陆逊巧妙地将蜀军引向东吴设下的陷阱，此时，局势发生了微妙的变化。蜀军开始暴露出其战略上的缺陷：一方面，由于长途跋涉，蜀军补给线逐渐被拉长，士兵的疲劳和后勤压力显著加剧；另一方面，蜀军的指挥链条也因战场的广度和复杂度变得松散，无法有效协同。

把握战机，实施致命打击

随着蜀军深入到夷陵地区，陆逊认为时机已经成熟。他巧妙地利用了夷陵的地理特点——地势复杂，山林密布，适合实施火攻。火攻作为一种战术，能够在不正面接触敌军的情况下，通过迅速摧毁敌军的粮草和营地，打击敌人的士气，破坏其后勤支撑。陆逊利用这一地理优势，设计了周密的火攻计划。

在夜幕的掩护下，陆逊指挥东吴军队悄悄接近蜀军的营地，利用风向和地形的有利条件，每人拿着一把茅草冲入蜀营，顺风点火，瞬间引发大规模火灾。蜀军的营地很快被火焰吞噬，士兵们惊慌失措，四处逃窜，完全失去了组织。火攻不仅摧毁了蜀军的粮草和装备，还彻底破坏了蜀军的阵地，使得蜀军的反击力大大降低。

在火攻后的混乱中，陆逊立即指挥东吴军队迅速展开进攻，蜀军溃败，四散奔逃。

陆逊的巧妙布局和准确判断，使得东吴成功逆转了局势，取得了胜利。蜀军在夷陵一战中损失惨重。

夷陵之战的胜利，巩固了东吴的疆域，并使得孙权的政治地位进一步稳固。孙权对陆逊的指挥能力给予了极高的评价，封他为荆州牧。这场胜利不仅让陆逊声名鹊起，也让东吴在三国格局中占据了更加有利的位置。

刘备在战后病重，不久便去世了。蜀国的军心开始动摇，国力也大幅下滑。夷陵之战的失败，成为蜀国战略上的一次重大失误。蜀国不仅在军事上遭受损失，政治上也受到严重影响，诸葛亮不得不花费大量时间恢复国力。

从夷陵之战到生活智慧

以退为进，灵活变通

生活中，我们也会遇到强劲的对手或难以克服的困难。此时，不妨学习陆逊的策略，“以退为进”。退，并非示弱，而是为了寻找更合适的时机和方式去解决问题。例如，在谈判中，暂时妥协并非示弱，而是为了争取更有利的局面。

集中优势，把握时机

故事中，陆逊集中兵力，在关键时刻给予蜀军致命一击。生活中，我们也应善于分配精力和资源，专注于自身领域中的优势，并在时机成熟时果断出手，达到事半功倍的效果。

因地制宜，借势而为

正如陆逊巧用火攻，利用了夷陵地区的地形和气候特点取得胜利一样，我们要学会分析环境，利用对自己有利的因素，将不利条件转化为有利条件，才能更容易地达成目标。例如，创业者要善于利用政策和市场环境的变化，抓住机遇。

控制情绪，理性决策

刘备的冲动和因仇恨丧失理智的行为最终导致了失败。这警示我们，无论何时都要保持冷静的头脑，不要被情绪左右，才能做出理性的判断和决策。

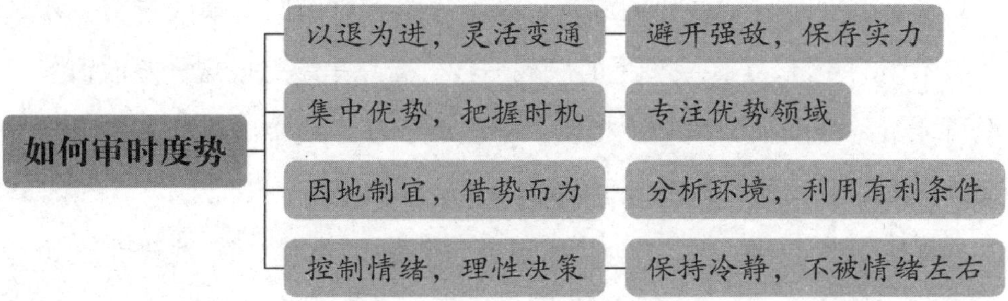

打破固有模式，在困境中找到生机

在困境面前，传统的思维模式和常规的应对方式常常容易让我们陷入死循环。面对复杂多变的局势，创新思维和打破固有模式的勇气才是突破困境的关键。正如战场上的决战一样，若总是墨守成规，不敢冒险，很可能最终会陷入困境中。相反，那些敢于在绝境中破局、打破常规的人，往往能够找到一条崭新的生路。

在历史长河中，许多故事都印证了打破固有模式的重要性。如韩信在面对己方兵力远不如敌方的情况下，采取了背水列阵这一出奇战术，不仅打破了常规，反而还利用敌人对常规战术的预期创造了有利的局面。

韩信的绝妙战略

公元前 203 年，楚汉战争进入了白热化阶段。汉王刘邦与楚王项羽的竞争已持续多年，战争的胜负将取决于这最后的决战。此时，韩信受命率领汉军进攻赵国。赵国大军由将领陈馀指挥，兵力远远超过汉军。

赵军占据了井陉这一易守难攻的地理位置，处于天时地利人和的优势之中。

面对如此强大的敌人，韩信并没有选择与赵军进行常规的正面交锋。相反，他决定通过出奇制胜的策略——背水列阵，将自己置于绝境之中。韩信深知，虽然汉军拥有勇气，但士兵经验不足，士气低迷。如果按常规战术与敌军硬碰硬，不仅不可能胜利，反而可能全军覆没。因此，韩信选择了一条非常规的道路：利用背水列阵这一出奇制胜的战术，为汉军创造一线生机。

绝境反击：背水一战

韩信先派了一队人埋伏在附近的山里，随后指挥汉军将队形布置在河边，背水列阵。此举令汉军无法后退，只能前进。为了让赵军误以为汉军已陷入困境，韩信还故意让汉军进行撤退，引诱赵军出城。赵军看到汉军背水列阵，认为汉军已经陷入绝境，于是派出大量兵力准备进攻。

两军交战后，韩信巧妙地指挥汉军边战边退。赵军认为汉军已经陷入混乱，于是追击得愈发激烈。然而，当赵军追至河边时，他们却发现自己被韩信引入了陷阱之中。此时，韩信下令汉军反击。汉军士兵们深知此刻不战则必死，所有人都爆发出惊人的战斗力，疯狂拼杀。

而此时，先前埋伏的汉军，趁机夺下了赵军的大本营，让他们乱了阵脚。赵军想要后撤救援，韩信抓住这一时机，指挥汉军展开前后夹击。赵军军心涣散，士气崩溃，最终在汉军的猛烈追击下全军溃败。

打破常规，创造机会

背水一战不仅仅是一场胜利，更是一场打破固有模式的成功实践。韩信通过非常规的战术布阵，将自己的军队置于绝境，反而激发了汉军士兵强烈的求生欲望和拼搏精神，最终逆转战局，取得胜利。许多时候，我们也需要打破固有的思维模式，才能从困境中找到一线生机。

1. 工作中的创新与突破

现代职场充满了竞争和挑战，人们常常会面临各类工作瓶颈或项目困境。如果我们始终坚持“常规的解决方案”或是“传统的思维方式”，很可能会被困住。正如韩信在背水一战中通过反常规的战略最终取得了胜利，当我们陷入困境时也要敢于尝试新方案，跳出固有框架。

比如，一位企业经理在面对业绩下滑时，如果仅仅依赖传统的市场营销方法，有可能很难取得突破。此时，他需要打破思维局限，尝试新的营销策略，比如从产品创新、客户需求转型等方面寻找新的突破口。打破固有模式，能够为企业带来全新的生机。

2. 创业中的“背水一战”

对于创业者而言，关键点的抉择往往会影响整个企业的未来发展，这或许就是生死攸关的转折点。当资金链断裂、市场竞争白热化时，固有的应对方式或许难以带来根本的改变。此时，敢于做出突破常规的决策，甚至冒险采取“背水一战”的策略，可能会成为翻盘的关键。

例如，一家初创公司在市场竞争中举步维艰，如果仍然按照传统的商业模式与对手竞争，结果可能只会逐渐陷入困境。而创新型企业往往敢于改变游戏规则，打破固有的商业模式，通过颠覆性的产品或服务迎头赶上，甚至一举超越竞争对手。

3. 生活中的困境突破

在生活中，我们也时常面临看似无解的困境。如果我们坚持以惯用的思维方式来解决问题，可能永远都无法走出困境。而当我们敢于打破自我设限、跳出惯性思维时，或许能迎来真正的突破。

比如，很多人在面对职业发展瓶颈时，可能会陷入“我只能做这项工作”或者“我不具备其他能力”的局限思维之中。然而，当一个人打破这种思维限制，尝试跨领域学习、发展新技能时，往往能找到新的职业道路，打开人生的新篇章。

置之死地，而后新生

面对困境，是退缩逃避，还是迎难而上，决定着我们最终能否抵达成功的彼岸。历史故事和现实经验告诉我们，只有敢于拼搏、敢于创新，才能在绝境中杀出一条血路，最终战胜困难，取得成功。

拼搏，是绝境中不可或缺的精神支柱。我们身处困境，往往会感到迷茫和无助。但如果我们拥有坚定的信念和不屈的意志，往往能激发出内心强大的力量，支撑我们勇敢面对挑战。

战胜绝境，收获成功

创新是绝境中破局的关键钥匙，墨守成规、故步自封只会让我们在困境中越陷越深。而敢于打破常规，另辟蹊径，才能找到突破口，走出困境。

绝境并非不可战胜，它更像是一块试金石，检验着我们的意志。面对困境，逃避解决不了问题，唯有勇敢面对，才有战胜绝境的希望。

很多时候，面对看似无解的难题，换个角度，或许就能找到新的突破口。绝境并非终点，而是新的起点。在绝境中，我们能更加深刻地认识自己，激发出自身的潜能，学会如何面对挑战，如何解决问题。

每一次的绝处逢生，都会让我们更加强大、更加自信，最终收获属于自己的成功果实。所以，当我们身处绝境时，不要害怕，不要放弃，勇敢地迎接挑战，在困境中磨炼自己，最终实现人生的蜕变和升华！

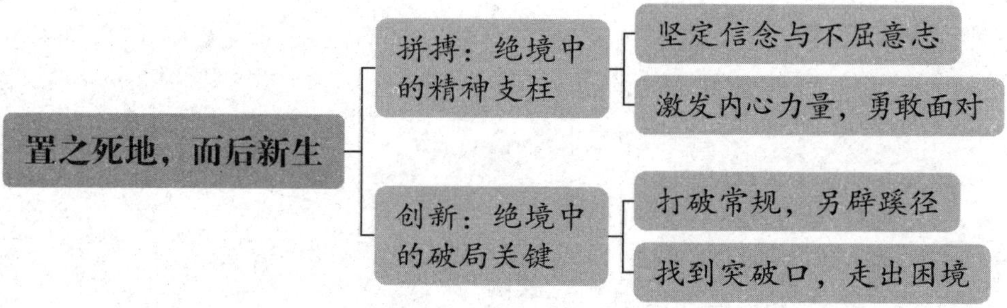
置之死地，而后新生
拼搏：绝境中的精神支柱
坚定信念与不屈意志
激发内心力量，勇敢面对
创新：绝境中的破局关键
打破常规，另辟蹊径
找到突破口，走出困境

第三章

弱旅逆袭，让通天智慧铸就英雄传奇

历史上的弱旅逆袭，往往伴随着令人惊叹的谋略和勇气。他们以少胜多，以弱胜强，谱写了一曲曲英雄的赞歌。让我们一起走进那些传奇的故事，看他们如何以通天智慧扭转乾坤，并从中汲取智慧和力量吧。

销售精英
第一名
小林 小艾
销售精英小林和小艾的业绩一直不相上下，是公司里的明星销售。
这款高端产品的代理权竞争激烈，谁能拿下它，谁就是销售部门的主管！
王总，这是我们公司最新推出的高端产品，性能卓越，绝对是市场上的佼佼者……
小林采取了“逢人就推销”的方式。
小艾则选择了不同的策略，她认真研究产品和市场，寻找突破口。
我要找到对方公司的需求点，才能让对方满意我们的产品！
我们的产品不仅性能优越，还能完美解决贵公司目前面临的困境，帮助贵公司提升效率、降低成本……

这个方案真是太棒了！完全契合我们的需求！
希望我们合作愉快！
小艾成功拿下整个地区的独家代理权。
合作愉快！
销售业绩排行榜
第一名
小艾
第二名
小林
怎么会这样？
小艾凭借敏锐的市场洞察力和出色的方案，不仅拿下了代理权，后续工作中也为公司谈成了大笔订单。
机会总是留给有准备的人！
感谢公司，感谢我的团队！
在职场竞争中，要学会出其不意，才能立于不败之地！
奖状

想要对手防不胜防，就要学会出其不意

在竞争激烈的环境中，出其不意往往能扭转乾坤，帮助我们获得最终的胜利。这正如兵法所云：“兵者，诡道也。”想让对手防不胜防，就要学会打破常规，出其不意。

历史上，许多名将都曾利用出其不意的战术大破敌人的防线，扭转战局。公元前 129 年，卫青奉汉武帝之命，与李广等人一同率兵发动了对匈奴的反击，彻底改变了汉朝与匈奴的战略态势。

文景之治：为反击蓄力

西汉时期，匈奴的威胁像一把悬挂在汉朝头顶上的利剑一般。西汉初，由于汉军与对方实力悬殊，常常采取和亲来换取边疆的和平。然而，这种软弱的应对方式并未让匈奴知足，反而使其更加猖狂。汉武帝刘彻即位后，决心彻底解决匈奴问题，自此开启了汉朝反击匈奴的新篇章。

在汉文帝和汉景帝统治时期，汉朝吸取了此前的教训，注重内政稳定，实施“无为而治”的政策，休养生息、增强国力，为后来的反击打下了基础。在这期间，国家经济逐渐恢复，农业生产持续发展，人口得到稳定增长，为后续的军事行动打下了坚实的基础。

汉武帝刘彻继位后，决心反击匈奴，重新夺回汉朝的尊严。经过数十年的发展，汉朝的国力有了显著提升，军队的规模和装备也达到了新的高度。他深知，单靠防御与和亲并不能从根本上解决匈奴来犯的问题，必须主动出击，才能确保边境安全。

卫青的奇袭：决胜龙城

公元前 129 年，汉武帝决定派遣四路大军同时出击，攻打匈奴的多个据点。四位将领分别是卫青、公孙敖、公孙贺和李广。卫青虽然年轻，但作战勇猛且足智多谋，深得汉武帝的信任。与其他三路大军不同，卫青所率领的军队凭借出其不意的战术，迅速打破了僵局。

卫青的目标是龙城——一个位于匈奴腹地的重要军事据点。虽然龙城的防守看似坚固，但卫青通过细致的情报分析，发现匈奴人在这一地区的防备相对薄弱。匈奴人见卫青年轻，认定他没有什么战事经验，便没把他放在心上。卫青抓住了匈奴的轻敌心理，避开敌人的监视，成功接近了龙城。当卫青率兵发动突袭时，匈奴人毫无准备，只得仓促应战。卫青和他的部下们如猛虎下山，迅速击溃了匈奴守军，成功攻占了龙城。

龙城之战的胜利，极大地提升了汉军的士气，也打击了匈奴的信心。这也是汉朝反击匈奴的重要转折点。

三路大军，战况不同

虽然卫青奇袭成功，但其他三路大军的表现却未能达到预期。公孙贺与匈奴主力激战未能取胜，被迫撤军；公孙敖的军队迷失方向，没有接触到匈奴主力；李广的部队虽然勇猛，但在遭遇匈奴精锐部队时不幸被包围，最终战斗失利，李广虽成功脱险，但也未能改变局势。

四路大军中，只有卫青率领的军队取得了突破性进展。这不仅展现了卫青独特的军事才能，更突显了“出其不意”战术的威力。卫青的成功不仅依赖于他精准的军事判断力和细致的情报工作，还在于他敢于打破常规，出其不意。

“出其不意”的智慧

当你发现对手对你有所轻视或已经先于你在某些领域占据优势时，你或许能够通过出其不意的方式找到突破口，逆袭成功。在商业领域，许多公司会陷入产品同质化的困境，各大品牌在产品和服务上差异不大，竞争变得无趣且乏力。这时，企业如果能够跳出传统思维框架，寻找全新的切入点，打破常规，就能出其不意地获得市场领先优势。

在职场中也是如此。当你遵循常规、遵守规则时，可能会被他人预测到接下来的动向并被防备。如果能够通过创新的方式展示出自己独特的优势，就能够帮你在激烈的竞争中脱颖而出，获得成功。就如同卫青通过细致的情报分析并制定出应对策略，他在敌人最不可能预见的时刻发起攻击，最终取得了胜利。

把握节奏，适时出奇制胜

出其不意并不意味着一味追求“奇招”，重点是在关键时刻如何巧妙运用策略。频繁使用非常规手段会让对手逐渐了解你的风格，反而可能导致失误。因此，掌握时机是至关重要的——要找准对手防线的薄弱点，冷静地切入。

面对挑战或竞争时，如果过度依赖“奇招”，反而容易显得急功近利，甚至暴露自己的焦虑心态。保持冷静、从容的心态，反而能更好地抓住那些稍纵即逝的机会，为未来的成功铺路。如果某个策略没有奏效，也无须慌张，你可以通过灵活调整、迅速应变、迷惑对手等方式，给他们施加心理压力。

真正能做到出其不意的人，通常具备强大的实力。无论策略多么巧妙，如果没有过硬的能力支撑，最终也难以奏效。因此，在实践策略的同时，我们也要不断提升自己的综合素质、专业技能和思维能力。只有实力足够强大，再加上恰到好处的策略，才能真正战胜对手。

出其不意并不是单纯为了“打败对手”，它也可以帮助我们提升个人应对复杂环境的能力。在掌握这一策略的过程中，你将学会如何从容面对各种挑战，同时也能找到更多通向成功的大门，为你的人生增添无限可能！

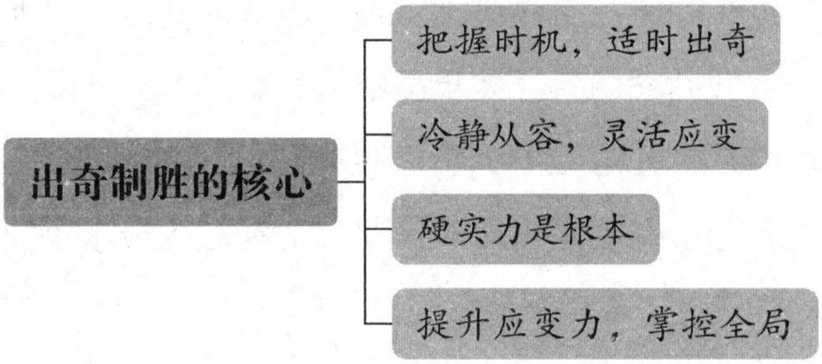

抓住并利用每一个机会，才能事半功倍

在快速变化的时代，成功往往是由一系列迅速抓住机会的决定和行动组成的。能否在合适的时机做出最优选择，往往是决定成败的关键。机会是短暂而宝贵的，只有具备敏锐的洞察力和果断的行动力，才能在关键时刻把握住它，最终实现事半功倍的效果。

霍去病是西汉著名的军事将领，被誉为汉朝的“战神”。他是卫青的外甥，17 岁时便战功赫赫。

初露锋芒：勇冠三军

匈奴作为北方草原的游牧民族，其骑兵精锐，战术独特，长期对汉朝边境构成威胁。汉武帝刘彻即位后，便决心解决匈奴问题，稳定边疆。然而，面对匈奴强大的骑兵军队，许多将领深感无力。

公元前 123 年，霍去病随舅舅卫青共同出击匈奴。他凭借着出色的战术设计和英勇果敢的行动，在对抗匈奴的战斗中大获全胜。

据史料记载，霍去病带领的精锐骑兵绕道到匈奴营帐附近，瞅准最大的一个帐篷，猛然冲了进去，斩杀了大量匈奴士兵。这场胜利不仅增强了汉朝的军威，也让霍去病名声大振，汉武帝亲自封他为“冠军侯”。

河西之战：突破防线，直捣匈奴“心脏”

公元前 121 年，霍去病再次登上战场。汉武帝派他率领精锐骑兵部队进攻战略要地——河西走廊。河西走廊是连接中原与西域的要道，对于汉朝而言，这不仅仅是一个军事防线，更是通向西域，与西方进行文化与经济交流的重要通道。

霍去病的战略眼光极为独特。他深知，河西走廊的控制权不仅关乎军事安全，更影响汉朝与西域各国的外交与贸易，决定率军穿越沙漠和戈壁，采取突然袭击然后连续进击的战术，迅速突破匈奴的防线。

霍去病在河西一战中，不仅成功攻占了多个匈奴附属王国，还重创了匈奴主力，极大削弱了其在西域的控制力。这场战役的胜利，标志着霍去病军事才能的进一步成熟，也为汉朝打开了通向西域的大门。

漠北决战：决胜千里，彻底击溃匈奴

公元前 119 年，匈奴的残余力量依然威胁着汉朝边疆。为了彻底消灭匈奴的主力，消除边疆的隐患，汉武帝决定发动一次更大规模的军事行动——漠北决战。霍去病被任命为主将之一，率数十万雄兵深入漠北，寻歼匈奴主力。

霍去病奉命率兵从东路出代郡，他所采取的战术是“闪电战”。他迅速判断出匈奴左贤王的主力所在，带领精锐骑兵展开突袭。据史料记载，在战斗中，霍去病以迅雷不及掩耳之势突破了匈奴的防线，将匈奴左贤王的精锐大军打得溃不成军，斩杀大量敌兵，取得了决定性胜利。

此次战斗重创了匈奴的势力，解决了危害汉朝百余年的边患问题，从此“匈奴远遁，而幕（漠）南无王庭”。然而，天妒英才，霍去病几年后因病去世，年仅 24 岁。汉武帝为其感到深切的遗憾，并命人将他葬在茂陵，修建了形状如祁连山的墓冢，以纪念他为国家立下的赫赫战功。

霍去病的成功绝非仅仅依靠勇气与力量，更在于他对机会的精准把握。在漠北决战中，面对复杂的战场局势，他敏锐地捕捉到匈奴左贤王主力的位置，这一关键信息便是决定战争胜负的关键机会。倘若他未能及时发现这一机会，战争走向或许会截然不同。而在河西之战中，他洞察到快速进攻能突破匈奴防线的机会，果断采取行动，才得以成功打通通往西域的道路。

在当今这个信息化、数字化快速发展的时代，企业和个人面临着瞬息万变的市场环境和竞争格局。只有快速反应和决策，才能抓住机会并实现目标。以职场为例，一次行业交流会议可能是你结识重要人脉、获取关键项目信息的机会；一次公司内部的改革或许是你展现自身能力、获得晋升的机会。我们要像霍去病一样，时刻保持敏锐，留意周围环境的变化，在看似平常的事件中发现潜在的机会。

同时，抓住机会后，果断行动至关重要。当我们发现一个有利于业务拓展的机会时，不能犹豫不决，而应快速制订计划并付诸实践。比如，若发现市场对某类新产品有潜在需求，就要迅速组织团队进行研发、推广，先一步抢占市场份额。

霍去病通过一次次战斗积累经验，提升军事素养，才能在关键时刻精准识别并抓住机会。我们在日常工作与生活中，也应持续学习新知识、新技能，拓宽视野，积累经验，从而提升自己发现机会、评估机会价值以及有效利用机会的能力。

在追求事业成功时，我们不妨从霍去病的故事中汲取力量，培养敏锐的机会洞察力、果断的行动力以及不断提升自我能力的意识。在这个瞬息万变的时代，唯有那些能够精准掌握并充分利用每一个机会的人，方能在竞争中脱颖而出，收获最终的成功。

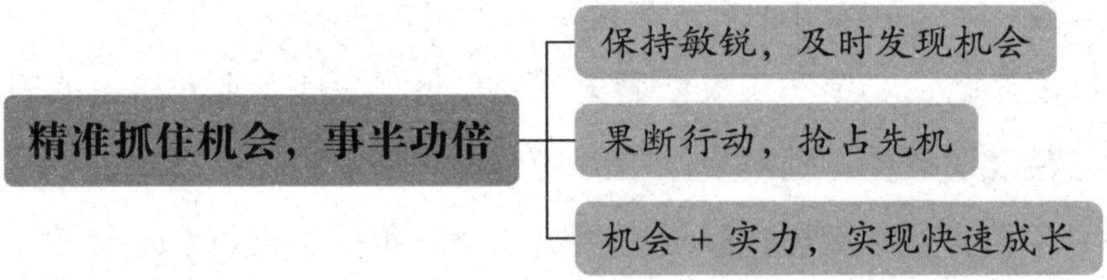

包容他人，才能“驾驭”他人

在日常生活与工作中，我们常常需要与他人打交道。人际关系是生活中不可避免的一部分。要想在这些关系中游刃有余，直接粗暴地命令或一味地顺从并不能奏效。真正有效的方式，往往是恩威并施，这是驾驭人际关系之道的核心。

所谓恩威并施，既不是完全对他人采取强硬的控制手段，也并非一味地妥协迎合，而是要掌握“刚柔并济”的平衡点。恩，指的是给予他人关怀、支持与尊重、包容；威，则是表现出适当的原则性和主导力。当两者结合得当时，就能形成一种既让人感到被重视，又让人对规则心存敬畏的关系形态。

唐太宗李世民刚即位时，中原战争基本结束，然而在帝国的北方边境，一个强悍的游牧民族——东突厥，却时常侵扰唐朝的边境，是唐朝的心腹大患。唐太宗即位不到 20 天，东突厥的颉利可汗便率军一直打到离长安仅 40 里的渭水边，并派使者面见唐太宗，扬言百万突厥兵马随后就到。为了彻底消除这个威胁，唐太宗李世民决心对东突厥发动一场决定性的战役。他趁东突厥内部混乱之际，命李靖统领大军，剑指东突厥，一场决定大唐命运的战争就此拉开帷幕。

多路大军，兵锋直指东突厥

唐太宗深知此战的重要性，他不仅为李靖配备了精良的武器装备，更精心挑选了大唐最顶尖的将领阵容：由足智多谋的张公谨担任副总管，由骁勇善战的徐世勣、柴绍、薛万彻、李道宗等名将分别率领一路大军，从不同方向对东突厥形成合围之势。

多路大军如同钢铁洪流，从四面八方涌向东突厥，令东突厥军队措手不及。

夜袭王庭，颉利可汗仓皇逃窜

公元630年正月，北风呼啸，大雪纷飞，唐军主力在李靖的率领下，冒着漫天风雪，对东突厥王庭定襄发动了突然袭击。

当时，东突厥的颉利可汗正在王庭中饮酒作乐，对即将到来的危险毫无察觉。李靖亲率三千精锐骑兵，在夜色的掩护下，顶着漫天风雪，迅速突破了东突厥的防线，逼近营地。颉利可汗大惊失色，仓皇之中，他只得带着少数亲信向北逃窜。

定襄之战是唐灭东突厥的关键一战。唐军以迅雷不及掩耳之势彻底击溃了东突厥的主力，沉重打击了东突厥的士气。

围追堵截，天罗地网断其后路

定襄之战后，唐军乘胜追击，对东突厥残余势力展开全面清剿。徐世勣率领的东路军在白道截击颉利可汗，将其残部击溃。颉利可汗走投无路，只得逃往阴山以北，一面派使者前往长安求和，一面整顿军马，以图东山再起。

叔侄反目，一代枭雄沦为阶下囚

颉利可汗逃到阴山后，才发现自己已经无路可逃。为了活命，他只得低声下气地派人前往长安求和，还说要亲自来朝见。

但李世民清楚地知道，如果这一次不乘机彻底解决东突厥，放任颉利可汗逃到漠北，与漠北的铁勒九姓会合的话，后续仍将可能带来战争。于是，李世民一边令鸿胪寺卿唐俭前去安抚，一边命李靖率军前去察看颉利可汗的动向。

李靖率军来到白道，与徐世勣会师并商议后，决定捉住颉利可汗再行后事。他们率兵进入阴山后，很快就找到了颉利可汗的踪迹。当颉利可汗得知这个消息后，慌忙上马逃走，剩下的部众已无主心骨，乱作一团，任由唐军宰割，战斗呈现出了一面倒的态势，唐军很快便解决了战斗。

颉利可汗的数十万部众死的死，降的降，此时的他已经一无所有，就算他想东山再起，也已然没有可能了，最终被俘。

万国来朝，大唐盛世由此开启

颉利可汗被押解到长安后，李世民并没有杀他，还授予他官职，给予他优厚的待遇。四年后，颉利可汗病逝长安，李世民以突厥的风俗将他安葬。

这场战争的胜利使唐太宗在西北等各族中的威信大大提高。四方各国的使节纷纷前来朝贺，拥护唐太宗为他们共同的首领，尊称他为“天可汗”。一个万国来朝、威震四海的“天可汗时代”正式拉开了帷幕。

这场战争的胜利不仅巩固了唐朝的边防，更极大地提高了唐朝的国际地位，为贞观之治的出现奠定了坚实的基础。唐朝之所以能够取得这场战争的胜利，其原因除了拥有强大的国力和军事力量之外，更重要的是李世民的雄才伟略和卓越的手段与智慧。

刚柔并济，恩威并施

唐太宗李世民，这位开创“天可汗时代”的伟大君主，其卓越的领导才能和智慧手段即使在跨越千年的今天，依然值得我们借鉴和学习。唐朝在征服东突厥后，采取了宽容的政策，善待颉利可汗及其部众，而非赶尽杀绝。这种“恩”的策略，背后体现的是唐太宗对“刚柔并济”之道的深刻理解。

1. 刚柔并济，方能长久

无论是国家治理还是企业管理，抑或是人际交往，单纯的强硬或软弱都不可取。唐太宗的成功经验告诉我们，对待不同的人和事，要根据具体情况采取不同的策略。恩威并施，刚柔并济，才能取得最佳效果，实现长久发展。

2. 实力是底气，怀柔是手段

唐朝的宽容并非软弱，而是建立在强大的军事实力基础之上的。这启示我们，无论何时，自身实力都是立身之本。拥有了强大的实力，才能真正赢得他人的尊重和信任。

在复杂的人际关系和社会互动中，如何既保持威严，又能赢得他人的信任与尊重，成为许多人面临的重要课题。“恩威并施”强调在适当的时候展现出应有的威慑力，同时也要懂得给予他人宽容与支持。通过这种平衡，我们不仅能够有效地管理和领导他人，也能在关键时刻收获忠诚与合作。

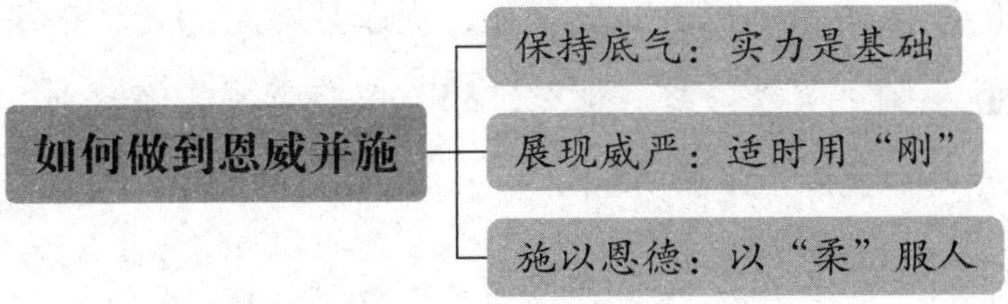

保持冷静的头脑，懂得适时进退

面对压力与挑战时，很多人往往会被情绪左右，仓促做出不够成熟的决定，进而陷入困境。而那些能保持头脑冷静的人，总能从容应对眼前的复杂局面，通过理性分析和审时度势，做出最适合的决策。

在波澜壮阔的唐朝历史中，郭子仪是一位不可忽视的传奇人物。他凭借卓越的军事才能平定了安史之乱，更以其深厚的智慧在纷繁复杂的朝堂中屹立不倒，得以善终。那么，郭子仪究竟是如何做到的？他的经历又能给今天的我们带来哪些启示？

从武举出身到平叛中流砥柱

与那些出身名门望族的将领不同，郭子仪并非生而知之的军事天才，而是通过刻苦学习和实战历练，以武举进入仕途，一步步从基层晋升，最终成为大唐王朝的顶梁柱的。

安史之乱是中国历史上一次重大的叛乱，发生在唐玄宗天宝十四载（公元 755 年），持续了近八年之久。这场叛乱不仅使唐朝人口大量丧

失，国力衰退，也是唐朝由盛转衰的转折点。危难之际，郭子仪挺身而出，凭借过人的胆识和谋略，平定了叛乱，为恢复唐朝中央政权、安定社会、稳定边境、交好少数民族做出了重要贡献。

当时的唐朝军队在与安禄山叛军的决战中损失惨重，士气低落。郭子仪领导的朔方军训练有素，战斗力强悍，成为平叛的最大希望。然而，就在唐肃宗急于收复两京之际，郭子仪却与朝廷产生了严重分歧，这是怎么回事呢？

以退为进，保全实力

唐肃宗急于收复长安、洛阳，急功近利，要求军队速战速决。但深知叛军实力的郭子仪和李光弼则主张稳扎稳打、步步为营，避免不必要的牺牲。至德三载（公元 758 年），郭子仪等 9 个节度使又率兵进攻相州，但监军太监鱼朝恩贻误战机使得唐军大败。唐肃宗听信谗言，免去了郭子仪的官职。

面对皇帝的愤怒和朝堂的压力，郭子仪选择了以沉默抗议。他深知，与情绪化的君主争辩只会适得其反，唯有以实际行动证明自己的正确性才能赢得最终的胜利。没想到，叛军再次攻占了洛阳，唐肃宗只得重新任用郭子仪。最终，郭子仪也不负众望地顺利平定了叛乱。

然而，功高震主的隐患也随之而来。唐肃宗对李俶（后来的唐代宗）和郭子仪的组合日渐猜忌，有意分割他们的权力。面对皇帝的猜忌，郭子仪再次展现出他的智慧。他认为与其坐以待毙，不如主动交出兵权，淡出权力中心，于是交出兵权回到长安过起了平静的生活。

唐肃宗驾崩后，李俶即位，改名为李豫，史称唐代宗。尽管郭子仪曾是他的亲密战友，但新皇帝同样对他心存戒备。面对这种情况，郭子仪毫不犹豫地请辞，彻底打消了皇帝的疑虑，也为自己赢得了宝贵的生存空间。

危机中的转机

郭子仪的一生充满了传奇色彩，他所处的时代也充满了动荡和不安。然而，他却能始终保持清醒的头脑，在危机中找到转机，从而化解危机。当国家危难之际，他挺身而出，以非凡的勇气和智慧平定叛乱，拯救黎民百姓于水火之中；当功成名就之时，他又能急流勇退，避免功高震主，保全自身和家族。

郭子仪不仅军事才能出众，更是一位深谙人情世故的智者。他待人宽厚，善于化解矛盾，即使面对政敌也保持着应有的尊重，这为他赢得了良好的声誉和广泛的人脉。

冷静应对挑战，适时进退

在复杂的社会环境中，保持头脑冷静对应对挑战、化解困境十分重要。无论是职场竞争、人际交往，还是人生决策，理性和冷静往往能帮助我们避免冲动带来的不利后果。很多时候，过于急功近利的行为只会让我们陷入更大的困境。

冷静的头脑能够帮助我们理清思路，做出最明智的决策。当面对未知的结果和压力时，有人会受到情绪的干扰，做出过于激烈的反应。这种急功近利的态度，虽然有时看似能解决眼前的难题，却可能带来无法预见的负面后果。也有人能够冷静地站在全局的角度审视问题，深思熟虑后再采取行动，这样的决策往往更具长远性和稳定性。

适时进退则是头脑冷静的另一种体现。面对复杂的局势，我们常常需要在适当的时候放手，避免与强大对手起正面冲突。在职场上，我们可能会遇到一些无法改变的局势或无法调和的矛盾。此时，应冷静下来，认真思考解决方案，避免不必要的激烈对抗。与其在冲突中一味争斗，不如通过冷静思考找到解决问题的方法。

无论是在团队合作中还是在个人发展中，懂得适时进退的人往往能够建立更良好的关系，赢得他人的尊重，并在关键时刻取得成功。冷静不代表消极，而是要选择最适合的时机和方式来行动，避免在错误的时机做出错误的决策。

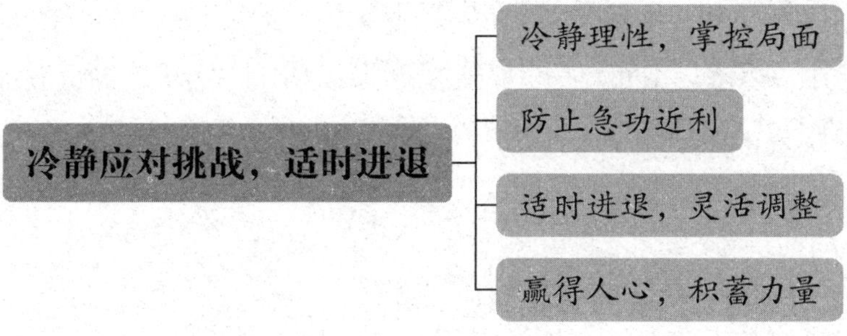

借势而为，学会四两拨千斤

在日常生活和工作中，我们常常会遇到许多阻力和困难。如果试图仅凭自己的一腔热血去“硬碰硬”，不但可能事倍功半，还可能浪费自身过多精力导致疲惫不堪，甚至走入“死胡同”。会借势的人，能以巧妙的方式利用资源减少阻力，最终轻松达成目标。这就是所谓的“借势而为，四两拨千斤”。

那么，什么是借势？

简单来说，借势就是利用环境中的有利条件、时机或者他人的力量来为自己服务。古代谋士巧用“天时、地利、人和”，在一场战役中用最小代价换取最大胜利，就是借势的智慧体现。

生活中，我们也随时随地都能找到可以借的“势”。关键在于，你是否有善于观察的眼睛和灵活应变的头脑。

奇谋破敌，一举平定蔡州

在唐朝中期，随着中央集权的逐渐削弱，地方节度使手中的兵权逐渐重了起来。淮西节度使吴元济更是野心勃勃，他拒绝了唐宪宗的招安，公开与朝廷对抗，并与其他藩镇勾结，形成“反唐同盟”，严重威胁着唐朝的统治。

面对日益严峻的局势，唐宪宗决心铲除淮西藩镇。然而，由于用人失误，唐朝军队在前期作战中屡屡失利，士气低落。

在这危急关头，李愬挺身而出，主动请缨，要求前往前线抗敌。李愬是唐朝名将李晟之子，他深谙兵法，富有谋略，是名副其实的将门虎子。唐宪宗任命李愬为唐邓节度使，负责平定叛乱。

示敌以弱，迷惑敌人

李愬深知，要攻克防守严密的蔡州，必须精心策划，确保一击必胜。上任伊始，他首先对兵员进行整顿和训练，招降纳叛，不仅废除了当时对敌方奸细的严苛命令，还让他们积极搜集敌情，帮助己方更好地了解敌情。与此同时，他还假装懦弱以迷惑敌人。这种“示敌以弱”的策略，正是李愬周密部署的一部分，目的是分散敌军注意力。

吴元济初时对李愬的到来十分警惕，但看到李愬表现得如此松懈，便逐渐放松了警觉，轻视了唐军的实际能力。面对派出的探子带回的“唐军毫无斗志”的消息，吴元济深信不疑。由于过度自信，他决定将蔡州附近的精锐部队调往其他战线，集中兵力应对另一支唐军。吴元济的自负和轻敌，直接导致了蔡州防线的空虚，为李愬的奇袭创造了有利条件。

雪夜奇袭，借势出击

公元 817 年十月的一天，淮西地区突降大雪，气温骤降。李愬敏锐地意识到，这是天赐良机——大雪可以掩盖军队的行踪，严寒可以瓦解敌人的意志，此时不出击，更待何时？

李愬率领三千精锐，冒着风雪，悄然向蔡州城进发。为了不惊动敌人，他们一路上不点灯火，不发号令，甚至连马蹄都包裹上了布。经过一夜的急行军，终于在黎明时分抵达蔡州城下。

唐军在城墙上掘坎而上，杀掉了熟睡中的门卒，很快便控制了城门，神不知鬼不觉地进至内城。事发突然，淮西守军毫无防备，被打了个措手不及。吴元济在慌乱中被唐军生擒，淮西叛乱终于被平定。

消息传到长安，唐宪宗大喜过望，下令重赏李愬及其麾下将士。李愬凭借这一场决定性的胜利，沉重打击了安史之乱以来的藩镇势力，使唐朝削藩举措取得空前胜利，国家又暂时统一了。

借势而为的关键在于观察和利用身边的一切条件。无论是时间、空间、天气，还是趋势、技术、政策等，只要善于洞察这些“势”，并加以运用，就能最大化地提高自己的竞争力，实现从“外力”中获得推动，最终达到成功。

故事中，大雪成了唐军最好的掩护，既遮蔽了唐军行踪，也迷惑了淮西守军，严寒更是瓦解了叛兵的意志。而李愬麾下将士则早已做好了准备，士气高昂。同时，唐军长期围困蔡州，令淮西守军早已疲惫不堪。这些“势”组合在一起，为唐军的胜利奠定了基础。

如何做到借势而为

1. 学会洞察“势”

“势”，既可以是外部环境中的变化趋势，也可以是一个难得的机遇。举个例子，当科技飞速发展时，那些善于应用新科技的人往往能够抢占先机；当社会整体环境提倡环保时，专注于绿色产业的人则更容易获得政策支持和关注。

2. 懂得善用资源

在实现目标的过程中，资源的整合常常比单打独斗更加重要。借势而为并不是只依赖某一项资源或机遇，而是通过有效整合多方面的力量让成功的可能性大幅提升。比如，作为一名创业者，你可以与行业经验丰富的前辈合作。也可以利用现有的互联网平台和工具，将你的产品推广到更广阔的市场，借助这些现成的渠道和流量扩大自己的影响力。通过合理利用他人的资源与经验，不仅可以有效降低试错的成本，还能显著提高达成目标的效率。

3. 以巧取胜，四两拨千斤

借势而为的精髓在于以最小的投入，获取最高的回报。就像借用杠杆的力量撬起重物一样，巧妙地利用“势”，往往能帮助我们实现超出预期的成效。关键在于找准切入点。

例如，一家资源有限的创业公司，通过找到一个热点话题成功搭乘“风口”，不仅快速提高了知名度，还获得了预算外的高额利润。这就是“借势”。用智慧去借势，不仅节省了力气，还能够事半功倍。

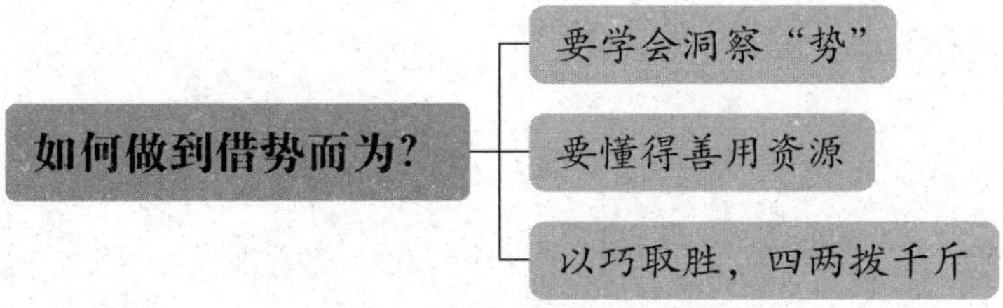

无论是在职场、家庭还是在社会中，这样的思维方式都能帮助我们更好地解决问题。它告诉我们不要一味地埋头苦干，而要学会用更巧妙、更聪明的方式达成目标。善于借势的人不仅能顺势而为，更能在重重挑战中发现机会，化难为易，让自己立于更大的主动之中。

充分发挥自身的优势，抓住稍纵即逝的机遇

很多时候，局势变化快得让人措手不及。能否成功，往往就在于你能不能及时识别并抓住那一瞬间的机会。

那么，如何才能做到这一点呢？首先，你要了解自己所处的环境，洞察机会的变化。其次，你要了解自己的强项，并在关键时刻充分利用这些优势，把它们和外界条件结合，取得意想不到的成功。

以智取胜，抵御外敌入侵

岳飞是南宋时期抗金名将、军事家、战略家，位列南宋中兴四将之一，他凭借自己卓越的军事才能和对时局的敏锐洞察，巧妙利用地理和战术优势，不仅成功抵挡住金军的猛攻，还多次取得胜利，为南宋的抗金事业带来了新的希望。

凭借地理优势，巧妙布阵，赢得胜利

岳飞意识到南宋的兵力有限，他并没有选择硬碰硬的策略，而是决定借助地理优势来进行防守。

郾城位于今河南省中南部，岳飞充分利用其地理特点，精心布置了防线，并根据金军的作战特点，判断出金军并未将这场战事重视起来，他便设下了巧妙的埋伏点，最大限度地发挥了作战优势。他知道金军的骑兵虽然机动性强，但步兵作战更有优势，因此他选择通过稳固的步兵阵地，加上后方弓箭手的支援，大破金军的精锐亲兵与“拐子马”。

岳飞利用金军的轻敌心理，结合郾城的地理优势，在关键时刻制订了恰当的作战方案，发挥了南宋军的防守能力。金军虽然兵力强大，但在岳飞巧妙布局和出奇制胜的策略下，完全陷入了被动。

岳飞的胜利，是因为他能够在复杂的局势中迅速识别并把握住敌人的弱点，同时发挥自己的优势。面对强敌，他没有盲目硬碰硬，而是通过巧妙的战略战术调整，将地理条件上的优势和敌人轻敌的心理加以巧妙地运用，从而赢得了这场决定性战役。

如何抓住机遇

1. 洞察优势，利用资源

在面对挑战时，我们首先要清楚自己的优势是什么。它可能是你的某项专业技能，也可能是你与他人协作的高效率，还可能是你对市场趋势的敏锐洞察力。只要你能清楚自己的长处并灵活运用，就能在机遇来临时将其迅速抓住。

2. 合理评估形势，及时调整战略

岳飞的胜利并不是偶然的，而是通过不断地调整和规划得以达成的。我们在工作和生活中，同样也需要根据环境的变化不断调整目标和方法，灵活应对面临的问题和挑战。

3. 审时度势，选择最优时机

在面对困局时，我们要像岳飞一样，懂得选择出最合适的解决问题的时机。它可能是某个项目的关键时刻，或者某个行业的转型期等，抓住这些时机，才能最大化地实现自己的目标。

4. 集中优势，实现效果最大化

在故事中，岳飞并没有试图一时贪功，而是集中资源，将其战斗力发挥到最强。在工作中，我们也应该学会通过整合自己的优势资源，集中力量解决核心问题，从而提高工作效率，取得最佳成绩。

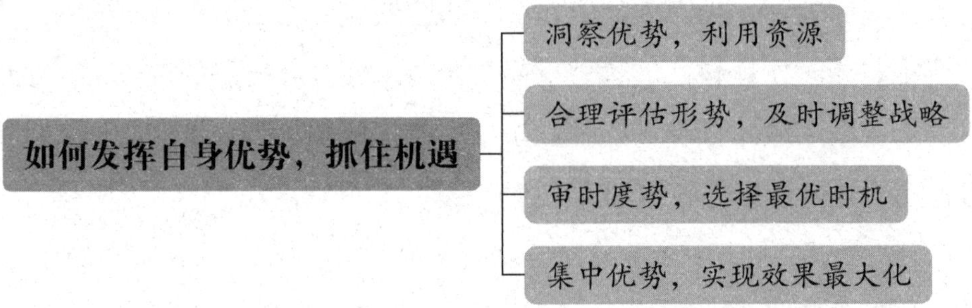

通过不断调整策略，充分发挥自己的长处，在关键时刻抓住机遇，我们不仅能够应对挑战，或许还能开创新的局面。在复杂的竞争环境中，只有善于把握机遇、灵活运用资源，才能站稳脚跟，最终走向成功。

第四章

筹策乾坤，凭通天智慧定智者江山

成大事者懂得深谋远虑，洞察先机。他们凭借超凡的智慧与独到的手段，开辟出一条成功之路。让我们一同走进他们的世界，领略他们如何在运筹帷幄之中，决胜千里之外。

公司这次面临的危机处理起来很棘手，大家有什么建议？
市场竞争太激烈了，我们的产品优势不明显。
一定有办法突破困境……
林宇，我听说了你们公司的情况，我有个想法，或许可以借鉴“下邑奇谋”。
下邑奇谋？快说说。
我们可以联合一些有潜力但被忽视的小公司，整合资源，形成独特的竞争优势，就像刘邦利用英布、彭越等势力一样。
有道理！我这就去安排。
大家听好了，我们要开始一场“绝地反击”了！

林总，订单爆单了！
别松懈，后续优化不能停。
研发部资源占太多，我们市场部怎么推广？
没研发成果，你们推广什么？
公司后勤和部门间资源调配的工作交给你，你要像萧何镇抚后方一样，确保各部门协调发展。
林总放心，我会平衡好各方需求。
近来公司效率显著提升，接下来要进行长远布局。
林总，我也正有此想法，已着手搜集市场趋势资料。
以智为谋，以策为刃，这商业江湖，必有我等一席之地！

巧用“分化合纵”，玩转权谋博弈

“分化”的核心在于制造矛盾，瓦解对方的力量。它像一把锋利的刀，可以精准地切断敌人内部的联盟，使他们产生分歧，最终被瓦解或走向衰败。分化的办法多种多样，可以利用人性的弱点，比如散播谣言，挑拨离间，引发相互猜忌和不信任；也可以通过利益的分配，拉拢一部分人，孤立另一部分人，从而达到分化、瓦解的目的。

“合纵”则强调团结协作，壮大自身的力量。它像一条坚韧的绳，可以将不同的力量拧成一股，形成强大的合力，共同对抗敌人。合纵的关键在于找到双方共同的利益点，建立互信的基础，并制定合理的合作机制。在商业领域，企业之间可以通过“合纵”共享资源、优势互补，共同开拓市场。

分化和合纵并非独立存在，而是相辅相成、相互转化的。有时需要先分化敌人，再与盟友联合；有时则需要先联合盟友，再共同分化敌人。例如在谈判中，我们可以先分化对方的谈判团队，找出其内部的矛盾点，然后再与其中一部分人达成合作，有助于帮助己方获取更大的谈判优势。

张良的谋略：分化合纵

公元前 203 年，楚汉战争进入了白热化阶段。项羽凭借其强大的军事力量，占据了中原大部分地区，而刘邦的势力则局限在汉中一带。在连续的战斗中，刘邦军队屡屡受挫，士气低落，形势十分严峻。刘邦急需一策来扭转战局，改变困境。

此时，张良站了出来。他提出了“离间项羽阵营，联合诸侯，壮大己方”的合纵连横之策。这个计策通过巧妙的分化合纵策略，动摇项羽阵营的根基，增强刘邦的实力。

张良深知，项羽虽然军事实力强大，但为人刚愎自用，其阵营内部裂痕颇深。项羽的将领多为六国旧贵族，他们追随项羽是为了复国，而非出于对项羽的忠诚。张良建议刘邦分化项羽阵营，争取重要将领的支持。英布曾随项羽征战，勇猛善战，被封为九江王，但因项羽滥施刑罚，导致英布生怨，最终投奔刘邦，成为刘邦的重要将领。而彭越则在反秦战乱中自发起兵，在项羽分封不公后，逐渐疏远项羽。在张良的策划下，刘邦承诺给予更高的封赏，成功拉拢英布、彭越等人，使他们成为牵制项羽的关键力量。

刘邦不仅依靠军事策略，同时推行了“仁政”以减轻赋税、安抚百姓，这为他在所在地区赢得了广泛支持。这使得项羽愈发被孤立，不满者纷纷转投刘邦，进一步削弱了项羽的势力。

垓下之战：联合力量的胜利

刘邦军队的力量逐渐壮大，最终他迎来了与项羽的决战——垓下之战。这场战役中，刘邦通过联合各方力量，使己方兵力优势愈发明显。刘邦还采用了心理战术打击项羽和他的军队，逐步掌握了战场的主动权。

刘邦利用项羽阵营内部的不和，瓦解了项羽的抵抗意志。项羽麾下的将领逐渐丧失了信心，甚至产生叛变的念头。最终，项羽的军队在垓下之战中惨败，项羽也自刎于乌江畔。

在现代社会中，“分化合纵”的策略依然具有重要的参考价值，其核心在于识别并利用各方之间的矛盾与利益关系，形成利于己方的局面。

1. 瓦解竞争对手

面对强大的竞争对手，我们可以采用“分化”的策略拉拢其关键员工、合作伙伴或客户，削弱其整体实力，使其内部瓦解。例如，可以通过提供更优厚的待遇挖走竞争对手的核心技术人员，或者与竞争对手的合作伙伴建立更紧密的合作关系。

2. 通过联盟实现合作共赢

我们可以与具有互补优势的企业结成联盟，共同对抗更大的竞争对手，实现共赢。例如，不同的公司可以共享资源、技术和市场，形成一个强大的联盟，共同抵御市场风险，提高市场占有率。

3. 市场细分与定位

通过精准的市场细分，将目标市场划分为不同的群体，针对每个群体制定不同的营销策略，从而最大化地抢占市场份额。例如，针对不同的消费群体推出不同价位和功能的产品，满足不同层次的消费需求。

需要注意的是，运用“分化合纵”策略时，必须遵守法律和道德规范，不能采取不正当手段损害他人利益。

总之，巧妙地运用分化和合纵策略，可以帮助我们更好地在竞争中占据优势，实现目标。但不要忘记，我们要以诚信为本，以合作共赢为目标。

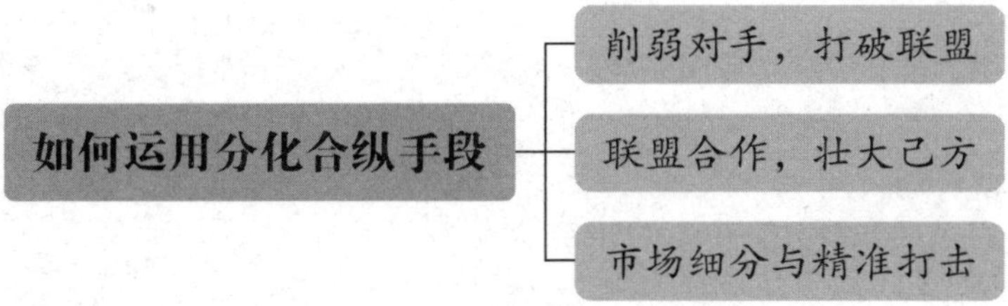
如何运用分化合纵手段
削弱对手，打破联盟
联盟合作，壮大己方
市场细分与精准打击

合理分配资源，才能“走得更远”

在人生的旅途中，我们每个人拥有的资源都是有限的，比如时间、精力、金钱以及人脉等。如何合理地分配这些资源，直接关系到我们能否快速实现目标，以及能否在长期竞争中占据优势。正所谓“巧妇难为无米之炊”，资源并非无限的，如果分配不合理便可能导致事倍功半，甚至举步维艰。

萧何镇抚关中

楚汉之间的激烈斗争不仅是实力的较量，更是智慧的比拼。最终，刘邦击败了西楚霸王项羽，取得了胜利，建立了汉朝。战争，离不开前方将士的浴血奋战，更离不开后方稳固的支撑。

在为刘邦军队提供必要的人力资源和物资保障、维护后方稳定的人员中，萧何无疑是至关重要的。他镇守关中，以其卓越的才能和远见卓识，为刘邦的最终胜利奠定了坚实的基础，成为汉朝建立的幕后功臣之一。

萧何与刘邦的相识始于秦末动荡时期，当时刘邦只是一个小小的亭长。萧何敏锐地察觉到刘邦的潜力，早早开始辅佐他。在刘邦起义反秦时，萧何坚定地跟随，逐渐成为刘邦的重要支持者之一。

在刘邦攻入咸阳城之际，众将领纷纷忙着瓜分金银财宝，唯独萧何独具慧眼地着手搜集秦朝丞相府所藏的有关户口、地图等文书档案资料，并一一保存了起来。这些文书后来成为刘邦治理国家、制定政策的宝贵资料。这一举动彰显了萧何过人的战略眼光和远见卓识。他深知，打江山不易，守江山更难，而要将国家治理好，必须有法律和规章制度作为基础。

安抚百姓，稳定后方

关中地区拥有肥沃的土地和众多的人口，是汉军重要的粮草和兵员补给来源。如何治理好关中，使其成为稳固的后方基地，是摆在刘邦面前的难题。

萧何深知，只有民心安定，才能为战争提供源源不断的支持。他将有限的资源优先用于改善民生和发展生产，这不仅体现了“以人为本”的理念，也是资源合理配置的基本原则。他颁布了一系列法令，废止了秦朝的苛政，还与百姓们“约法三章”，减轻了人民的赋税负担，使人民得以休养生息。这一举措迅速赢得了关中百姓的拥戴，重燃了他们对未来生活的希望。

萧何不仅是一个杰出的行政管理者，也是一个深具识人之明的战略家。刘邦的成功，离不开萧何。

萧何以丞相身份留守关中期间，发掘并举荐了大量人才。他推荐韩信的故事尤为著名。《史记》中记载，韩信初时无人重视，甚至被其他将领所轻视，但萧何看中了他的军事才能，强烈推荐刘邦任命他为大将。韩信的军事才能最终为刘邦赢得了关键性的胜利，为汉军打开了进军中原的“大门”。

萧何还举荐了曹参等人。曹参在刘邦建立汉朝后，成为汉朝的开国功臣之一，负责军队管理与地方治理。

筹措粮饷，保障供给

萧何的另一大贡献是确保汉军的粮草和物资供应。关中是刘邦的根基，萧何的职责就是确保关中的供应链稳定，为刘邦在前线作战提供支撑。

为了保障汉军的补给，萧何采取了多项措施。一方面，他鼓励百姓开垦荒地，增加粮食产量；另一方面，他对关中的财政进行整顿，减少浪费，将资金集中用于支持战争。萧何还制定了严格的军粮运输制度，确保粮草能够及时送达前线。正是由于萧何的精心安排，在战争中刘邦军队的后勤得到了充分保障，确保了军队能够持续作战。

在楚汉战争的关键时刻，萧何的决策发挥了巨大作用。在刘邦于荥阳被项羽围困，形势危急之际，萧何立即采取了行动，组织关中地区的增援力量，通过各种途径提供支持。虽然萧何不直接参与前线作战，但他在后方的决策和资源调配至关重要。在这些支持下，刘邦最终在垓下之战中与项羽决战，并取得了最终胜利。

萧何在刘邦的成功中扮演了关键角色，他的智慧和远见让刘邦在险象环生的战争中找到了突破口。萧何的事迹告诉我们，在任何组织或团队中，只有拥有了稳固的后方支持和精准的资源调配，才能确保最终的胜利。

如何进行资源合理配置

1. 明确目标是合理分配资源的前提

资源分配的关键在于找出优先级，而优先级的制定离不开清晰的方向和目标。不管是在工作中还是在生活中，倘若对自己未来的方向把握不准，就难以判断哪些事情更重要，由此可能会导致资源浪费。

例如，如果你的目标是在职业道路上寻求晋升，那么你的时间和精力应更多地投入在学习新技能、提升工作绩效上，而不是花费过多的时间在娱乐消遣上。

2. 避免“平均主义”

很多人在分配资源时有一个误区，认为每件事情都要分到同样的精力和时间。但事实上，我们的精力是有限的，要学会抓大放小，把更多的资源投入对结果产生关键影响的事务，才能让资源使用发挥最大的价值。

例如，一个创业者在起步阶段，可能需要把大部分的资源和精力用在产品开发和客户服务上，而不是过度追求办公室装修风格或高端大气的品牌形象。

3. 还需要保持一定的弹性

资源分配并不是一成不变的，需要随着环境的变化和自身的成长进行调整。比如，你可能在某段时间会集中精力去提升自己的某项技能，而在达成目标后需要把重心转移到新的领域。这种灵活的思维能够帮助我们更好地适应新的环境，避免陷入故步自封的困境。

但是，合理分配资源并不意味着过度榨取。过度使用某种资源可能会导致不可逆的损失。例如，过度地透支身体健康来争取短期利益，往往会给我们的身体带来难以愈合的损伤；过度消耗人际关系以谋求快速成功，可能会让自己失去重要的支持。因此，在规划和使用资源时，应始终兼顾长期利益和可持续性。在资源有限的情况下进行合理分配，不仅可以帮助我们更高效地实现目标，还能让我们在未来的路上走得更加稳健与长远。

用智慧来规划资源，用行动来践行策略，你会发现，世界的边界在不断拓宽。

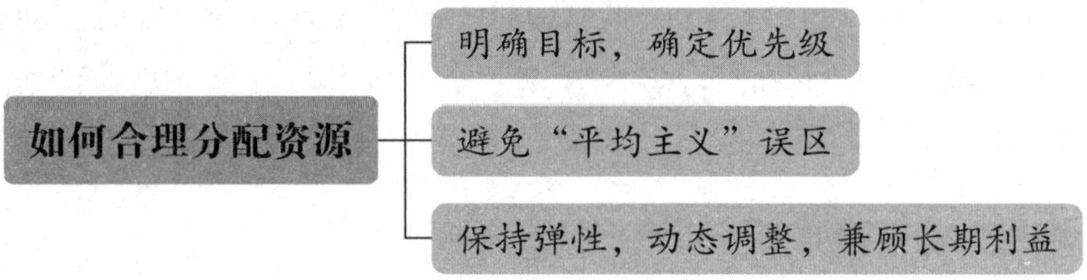

拥有长远的眼光，才能更好地把握先机

生活中，我们或许会因为过于关注眼前的得失而错过未来的机会。然而，真正的成功往往属于那些能够从大局出发，拥有长远眼光的人。长远的眼光是经过深思熟虑后的判断，是对未来趋势的敏锐洞察。高瞻远瞩，是成功的起点；能洞察未来趋势，提前布局计划的人，才能更好地把握先机。

隆中对——高瞻远瞩的智慧

诸葛亮，字孔明，人称卧龙，是三国时期蜀汉的丞相，杰出的军事家、政治家及战略家。他的智慧和谋略超群，被后世誉为“睿才”。他在《隆中对》中展现的远见卓识也为后世研究军事战略、政治谋略等提供了宝贵的借鉴。

东汉末年，宦官与外戚的权力斗争使得中央政权腐败，社会矛盾激化。黄巾起义爆发后，天下大乱。各路豪杰纷纷崛起，寻求争霸天下的机会。刘备虽出身贫寒，但他具备一定的政治智慧和仁义之心，逐渐获得百姓的支持，最终与曹操、孙权三分天下，成为一方霸主。

刘备在早期曾多次遭遇失败，他深知必须借助贤才才能改变局面。最终请到了隐居在隆中的诸葛亮出山协助自己。

刘备为寻求诸葛亮的帮助，三次亲自到隆中拜访。诸葛亮最终被刘备的诚意所打动，他为刘备详细分析了时局，也就是“隆中对”。

在“隆中对”中，诸葛亮分析了当时的格局：

曹操：挟天子以令诸侯，占据北方，兵强马壮，但内部尚存矛盾，未能完全稳固民心。

孙权：统治江东，地势险要，经济繁荣，民心稳固，但仍需对曹操保持警惕。

刘备：虽然力量相对薄弱，但以仁义著称，赢得了民众的拥护，并有利于结盟。

诸葛亮认为，刘备应当首先着眼于荆州与益州。荆州地理位置优越，既可作为进攻北方的跳板，又能与孙权形成稳定的联盟，避免被曹操孤立。益州则地形险要、土地肥沃，且在刘璋的治理下民怨四起，也是刘备理想的占领目标。掌控这两地，刘备便能在“三足鼎立”的格局中占据有利位置。

联吴抗魏——战略平衡

诸葛亮深知，曹操强大的势力是刘备和孙权共同的威胁。于是，他提出刘备应当联合孙权，共同抗击曹操。历史上，赤壁之战正是刘备与孙权联手的关键时刻。在赤壁之战中，周瑜和诸葛亮联合制定火攻战略，大败曹操，保住了荆州，为刘备进一步发展提供了关键空间。此时，孙权在江东的地位稳定，而刘备也逐渐扩大自己的势力范围，逐步形成了

“三足鼎立”的局面。

“隆中对”不仅为刘备集团指引了发展的方向，也体现了诸葛亮卓越的战略眼光和政治智慧。

如何培养并运用长远眼光

1. 学会站在更广阔的角度看待问题

别让短期的利益蒙蔽你的双眼，而要从全局出发，评估长远的回报。这不仅仅是经济利益的衡量，同样也包括个人成长、专业成就和社会影响等方方面面。

2. 尽量保持对趋势的敏感度

现代社会因为技术飞速发展而瞬息万变，从人工智能到可持续发展，每一项科技或社会趋势的背后都蕴藏着无限的可能。我们应该不断地了解和学习，充实自己的知识储备，用以判断下一步发展的方向。

3. 学会延迟满足

拥有长远眼光的人往往也具备延迟满足的能力，因为他们深知短暂的满足可能会影响后续的成功。就像一个投资者为了未来的丰厚回报愿意忍受短期的亏损一样，拥有长远眼光的人也愿意为了实现更高的目标，暂时放弃一些眼前的好处。

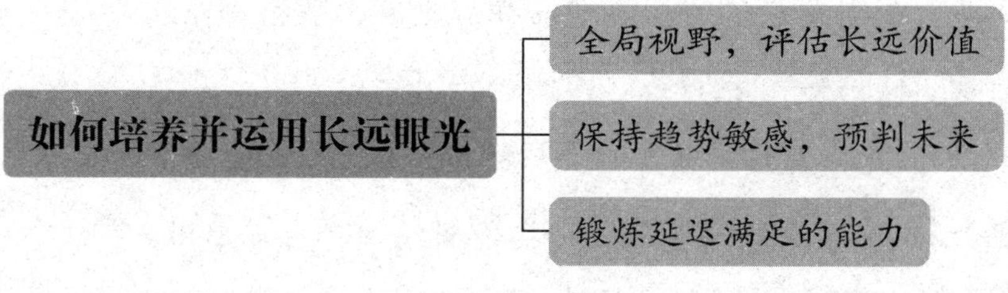

隐忍与等待：韬光养晦的艺术

在工作中，有些人急于展现自己的能力，希望通过迅速行动抓住每一个机会。然而，真正的智慧却往往隐藏在韬光养晦的深思熟虑中。

当面对压力、困境或暂时的失落时，学会隐忍下来积蓄力量，反而能为自己赢得更大的回报和机会。三国时的名将司马懿就是靠这种策略，成功地从一个被边缘化的臣子转变为掌控魏国政权的关键人物。

高平陵之变——司马懿的权力转移

司马懿，字仲达，出身于东汉末年一个有名望的家族。他从小聪慧，擅长兵法，深得曹操的赏识。曹操在位期间，敏锐地察觉到司马懿的潜力，给予了他许多重要职务。曹操曾告诫自己的儿子曹丕，司马懿“必预汝家事”，此言显示了曹操对司马懿的重视与警惕。

曹丕去世后，其子曹叡继位。曹叡对司马懿心生忌惮，偏向于重用曹真、曹休等人，对司马懿并未重用。曹叡担心司马懿的权力过大，于是派他前往荆州驻守，表面上是为了应对东吴的威胁，实则是为了削弱其影响力。司马懿在这一阶段并未与之正面冲突，而是保持低调，静待时机。

曹叡去世后，曹爽与其他亲王共同辅佐年幼的魏帝曹芳。曹爽年轻，且急于展示自己的权力，他将司马懿进一步边缘化，甚至试图夺去他的兵权。司马懿受到打压，但并未正面抗争。在此期间，他刻意表现得像一个体弱病重的人，通过这种“隐忍”的方式成功让曹爽放松警惕，积蓄了力量。

高平陵之变：雷霆一击

公元 249 年，曹爽带着魏帝曹芳前往高平陵祭祖。司马懿发现了这一难得的机会，果断采取行动。他迅速掌握了洛阳的控制权，封锁了城门，切断了曹爽的退路。随即，司马懿以皇太后的名义指责曹爽专权、排挤忠良，并派兵包围高平陵。

曹爽面对突如其来的政变，虽有兵权在手，却显得犹豫不决，未能及时采取有效应对措施。司马懿则通过软硬兼施的策略，成功迫使曹爽投降。他不仅派使者劝降，还秘密调动兵力对曹爽施加了极大的心理压力。

司马懿通过威逼与利诱的手段，最终迫使曹爽交出兵权并辞官。曹爽天真地以为这样就能够保住性命，但司马懿早已决定清除异己。他以谋反罪名将曹爽及其党羽一一处决，彻底扫清了政治障碍。

高平陵之变后，司马懿掌握了魏国的军政大权。

隐忍与等待

在职场中，有的人可能会面临这样的处境：被上司误解或暂时得不到晋升的机会。其中有些人可能选择直接抗争或放弃，但司马懿的隐忍策略给我们提供了新的思路。通过隐藏锋芒、沉淀自我，我们不仅能够保持内心的冷静与稳定，还能够为未来的成功积蓄更多的力量，创造更多的机会。

在现代职场中，“隐忍”并非意味着消极应对，而是在面临外部压力时，主动减少与权力的直接对抗，选择低调行事以积蓄实力。比如，在公司内部出现资源争夺时，如果我们还没有足够的实力介入，选择“韬光养晦”并提升自身的专业能力，待时而动，便是一种智慧。

隐忍与等待并非无所作为的消极状态，而是深思熟虑后的主动选择。在复杂多变的职场和生活中，快速出击不一定百分百成功，反而是那些能够在关键时刻沉住气、积蓄力量的人，才能在恰当的时机抓住机会。等待并不是无所作为，而是为了在适当的时刻爆发，让每一次的行动都更加精准有效。在关键时刻爆发，往往比冲动行事更容易成功。

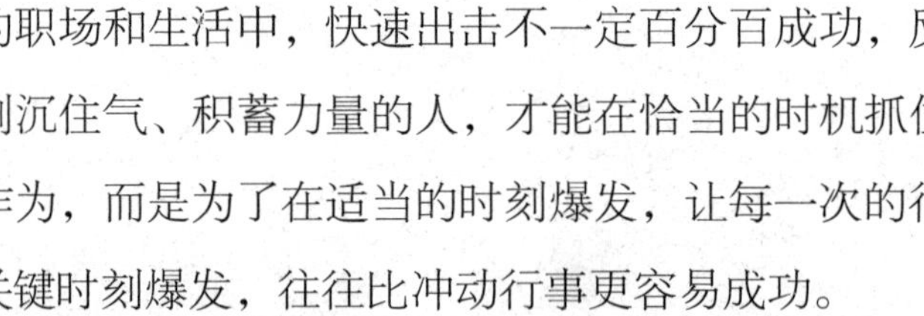

运用“铁腕”，树立权威才能掌控全局

历史的经验告诉我们，处事时仅仅依靠仁慈和宽容是不够的，有时还需要运用“铁腕”，才能有效地维护秩序。一个拥有“铁腕”的领导者，能够迅速凝聚人心，稳定大局。在危急时刻，他们能够当机立断，采取果断措施，避免局势恶化。同时，他们不会被琐碎的细节所干扰，也不会被反对的声音所动摇。他们清晰地知道自己想要什么，并且拥有实现目标的勇气和决心。

王猛治国：手段果敢，统一北方

在十六国时期，历史舞台上涌现出一批具有雄才大略的英雄人物，王猛便是其中之一。他辅佐前秦国君苻坚，实施了一系列果断有力的改革措施，带领一个原本弱小的国家迅速走向强盛。

王猛，字景略，年轻时便表现出卓越的才智与远大的志向。他博览群书，精通各家学说，尤其是兵法，拥有治理国家、安定天下的雄心。

苻坚久闻王猛贤名，便派人将他请来相见。二人一见如故，苻坚被王猛的见识与抱负所折服，立即任命他为官，让他参与国家的重要事务。从此，王猛开始了他的政治生涯。

“铁腕”整顿，打造高效朝廷

王猛上任后，迅速展开了一系列改革，尤其是在官员选拔和治理上，推行了严格的法令，严惩贪官污吏，杜绝了徇私枉法的行为。王猛采取雷霆手段，彻底整顿了前秦的官场，使其风气焕然一新，官员们个个都奉公守法，不敢懈怠。

太后的弟弟、光禄大夫强德利用权势欺压百姓，他不但酗酒闹事、仗势欺人，还抢夺他人财物、子女。王猛得知后，果断将其逮捕，并在苻坚派人来宣布赦免强德之前就将其处决。此举不仅震慑了朝廷中的腐败官员，也使得长安的权门豪强、皇亲国戚不再敢胡作非为，大大增强了他在政治上的威信。

在改革的过程中，王猛选拔人才不拘一格。他不为门第阶级所限制，注重选拔有真实能力的人，无论出身高低，凡有才能者皆能得到重用。这使得来自不同民族、不同阶层的优秀人才纷纷加入前秦，为国家的强大贡献了力量。

王猛深知，国家的强盛必须依托于坚实的经济基础。因此，他实施了一系列旨在促进经济发展的政策和措施，其中包括鼓励农业生产、兴修水利设施、减轻农民负担等。在王猛的治理下，前秦的国力实现了飞速提升，国家的财政储备充足，军事实力大幅增强，民众的生活水平大幅提高，为前秦的军事扩张提供了坚实的物质保障。

然而，长期操劳严重损害了王猛的健康。公元 375 年，王猛因积劳成疾病逝。苻坚得知王猛去世的消息后，深感痛惜，并追封他为“武侯”，以表彰其卓越的贡献。

运用“铁腕”，靠手段掌控局面

面对混乱或危机，真正的领导者明白，只有拿出雷霆手段，才能打破僵局、稳住全局。那些犹豫不决、瞻前顾后的做法，往往只会让问题越拖越大，最后难以收拾。

实行“铁腕”的第一步，是敢于做出强势决策。没有人愿意面对艰难选择，可局势越乱，越需要有人站出来果断拍板。一旦下定决心，就要坚定不移地执行到底，形成势如破竹的局面，让所有人都明白——这件事没有回头路。

可光有决心还不够，真正的“铁腕”还体现在对纪律的绝对把控。制度不是摆设，执行力才是真正的底气。面对破坏规矩、挑战底线的人和事，要敢于严肃处理，立下铁律。只有这样，整个团队才会有真正的凝聚力和战斗力。

当然，“铁腕”并不是四处开火，而是懂得选择时机和对象。最有效的方式，往往是杀一儆百。处理掉最典型的问题人物，让所有人看到后果，其他人自然会收敛起来。这不是狠心，而是用最小的代价换来最大的震慑力。

在关键时刻，还必须敢于动用手里的硬核资源。无论是调整人事，还是直接换人，甚至暂时接管核心项目，该出手时就要出手。很多时候，局面能不能稳住，看的就是这一击有没有打到点上。

另外，别忽视了舆论和节奏的掌控。一个真正有“铁腕”手段的人，从不允许局势失控。在风波刚起的时候，就抢先发声，主导舆论走向。避免小问题被无限放大，让局面变得一发不可收拾。

如何运用“铁腕”手段

- 果断决策，打破僵局
- 严控纪律，树立规矩
- 精准打击，杀一儆百
- 动用核心资源，强势控局
- 掌控舆论，稳住节奏

权衡利弊，才能做出明智的决策

唐朝的崛起无疑是一段激动人心的历史传奇。杜如晦作为唐太宗李世民的首席谋士，以其卓越的智慧与深思熟虑的决策，成为帮助唐朝发展为盛世的关键人物之一。

杜如晦的智慧不仅仅体现在他对历史、政治和军事的深刻理解上，更体现在他能够权衡利弊、审时度势，做出最恰当的决策。这些决策为“贞观之治”奠定了基石，也为我们提供了如何在复杂局势中做出明智决策的宝贵经验。

杜如晦：唐太宗的智囊

隋朝末年，天下大乱，社会动荡不安。隋朝的太原留守李渊见隋朝大势已去，便起兵占领长安，尊隋炀帝 13 岁的孙子杨侑为帝后又将其废除，自己登基称帝，改国号为唐，为唐高祖。他的二儿子李世民骁勇善战，广结贤才，杜如晦便是其中之一。他自少聪悟，好谈文史，后被李世民委以重任。

杜如晦不仅博学多才，而且具有深刻的洞察力。他的政治眼光和远见使得李世民十分信任他。杜如晦的到来不仅使唐朝政权得以巩固，更成为唐朝在后来的发展中能够“从乱世走向盛世”的关键因素之一。

果断决策，权衡利弊

杜如晦最为人称道的决策之一便是“玄武门之变”。当时，李建成和李元吉作为李世民的兄弟，一直联合起来排挤李世民，甚至密谋将李世民置于死地。在这种内忧外患的复杂局势下，李世民的威望和政治地位面临极大的威胁，要么采取果断行动，彻底解决这一隐患；要么继续处于被动地位，等待更多的不确定的因素来临。

在这个关乎唐朝未来命运的关键时刻，杜如晦冷静地为李世民分析了形势。当时，太子李建成和齐王李元吉与李世民的矛盾已白热化，他们不仅屡屡设计陷害李世民，还企图逐步剪除李世民的羽翼。杜如晦深知，若继续忍让和等待，李世民及其势力必将遭受重创，唐朝的未来也将陷入极大的不确定性之中。于是，杜如晦与长孙无忌、房玄龄等一起，力劝李世民果断采取行动，通过发动“玄武门之变”来解决内部威胁。这个决策毫无疑问是一项极具风险的行动——一旦失败，不仅李世民的政治生命将毁于一旦，而且唐朝的走向甚至都可能会被彻底改变！

最终，李世民成功登基，开启了唐朝的盛世——“贞观之治”。

杜如晦不仅在瞬息万变的局势中能够做出快速反应，更在面对生死攸关的决策时，能够理性分析、冷静判断。他的决策风格可以给我们带来深刻的启示——面对复杂的决策，我们不仅要看到眼前的利益，还要分析所做的决策可能产生的长远影响，深刻了解每一个选择的后果并做好准备，从而做出最有利的决策。

权衡利弊，掌控人生方向

在日常生活中，我们常常面临各种各样的选择，小到午餐吃什么，大到职业规划、人生方向等。不同的选择可能会带来不同的结果，而做出明智决策的关键在于权衡利弊。

权衡利弊并非简单地列出好处和坏处，而是需要我们更深入地思考，分析每个选项的潜在影响，评估其发生的可能性以及带来的后果。

1. 清晰地定义问题

例如，在选择工作时，究竟是更看重高薪资，还是更看重个人发展？明确目标才能有的放矢地分析利弊并采取行动。

2. 尽可能全面地列出每个选项的利与弊

例如，选择高薪工作可能带来更大的工作压力和更少的陪伴家人的时间；而选择发展空间更大的工作，则可能面临初期收入较低和晋升的不确定性。决策时，不应只看到眼前的好处，也要考虑到潜在的风险和长远的影响。

3. 评估每个利弊的权重

并非所有的利弊都同等重要。例如，对于一个经济拮据的人来说，薪资水平的重要性可能远高于工作时长；而对于一个注重家庭的人来说，再高的薪水也无法撼动准时下班在他们考量工作中的首要位置。我们需要根据自身的价值观和实际情况，赋予每项利弊不同的权重。

4. 考虑各种因素的影响

决策并非孤立存在，会受到各种因素的影响，例如家庭、朋友、社会环境等。我们需要考虑这些因素会如何影响我们的选择，以及我们的选择又会带来哪些影响。

5. 不要害怕做出选择

即使经过深思熟虑，我们也无法预知未来的全貌，重要的是在权衡利弊之后勇敢地做出选择并为自己的选择负责。即使最终结果不如预期，我们也能从中学到宝贵的经验教训，为未来的决策提供参考。

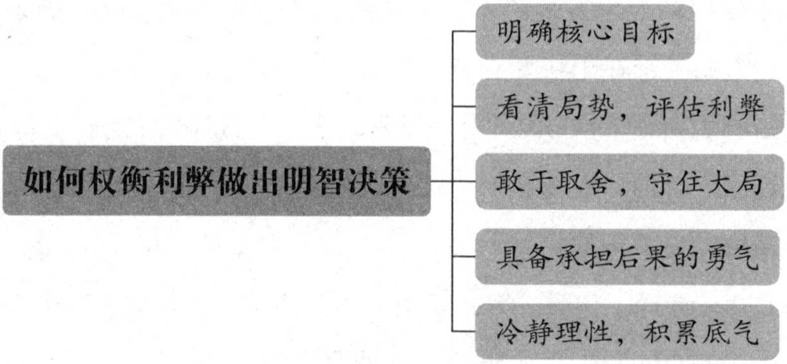

第五章

奇智妙策，用通天智慧展谋士宏图

若通天智慧是浩渺沧海，奇谋妙计则为浪尖明珠。智慧为源，妙计为流，两者共同在历史长河中熠熠生辉，绘就谋士传奇的宏伟蓝图。

这可怎么办，这么多任务，根本做不完啊！
别着急，咱得想些办法，就像古代谋士一样，用智慧解决问题。
首先，我们得把这些任务按照重要程度和紧急程度分类。
这样好像有条理多了！
对，这就是第一步，就像“六出奇计，一计定汉室”，先从关键处着手。
看，只要方法对，事情就会顺利很多。
张哥，你这办法真不错，接下来呢？

找到最紧急、最重要的项目，先行完成。看，这个项目很重要，你们要优先完成。
啊，可是我们现在人手不足，这可怎么办？
喂，小王，我们这边有个紧急项目，需要你们部门来支持。
太棒了！我现在就有信心了！
先从调配人手这个角度入手。
大家齐心协力，就像“孙刘一心，共筑抗曹联盟”，一定能成功。
这次大家做得非常好，尤其是张哥和小李，想出了很多好办法。
多亏了张哥，我学到了很多。
这都是大家的功劳，只要我们善用智慧和团队的力量，就能像古代谋士一样，用智慧解决各种难题。

奇袭战术，从被动防御转向主动出击

在历史的长河中，不少成功的战略转型往往都伴随着从被动防御到主动出击的转变。这种奇袭战术不仅彰显了指挥者的智慧与勇气，更是在强敌环伺、局势复杂的情况下打破僵局的关键。今天，我们将目光投向三国时期的一位杰出谋士——郭嘉，他的故事至今仍激励着我们追求突破和创新。

震古烁今的“十胜十败论”

郭嘉对天下大势有着敏锐的感知。他广泛的游历经验和多年兵法学习的积累，为日后辅佐明主成就一番事业奠定了坚实的基础。当他经人推荐进入曹操帐下时，曹操正处于势力相对较弱、强敌环伺的艰难时期。

在曹军内部弥漫着对袁绍大军的恐惧与担忧情绪之时，郭嘉以其敏锐的洞察力和卓越的分析能力，在关键的军事会议上提出了著名的“十胜十败论”。此论犹如一道光驱散了曹操心中的迷雾，军心大振，也坚定了曹操与袁绍对抗的决心。

不久，袁绍派颜良进攻白马，拉开了官渡之战的序幕。曹操依许攸之计，佯装渡河攻袁绍后方，引袁绍分兵向西，而后命轻骑突袭白马。曹军将士士气高昂，关羽单枪匹马冲入敌阵，直取颜良首级，袁军大乱。此战曹军大获全胜，极大地振奋了军心。众将对郭嘉的“十胜十败论”愈发信服，深信曹操定能战胜袁绍。

妙算定乾坤，连环计谋定北方

在官渡之战的关键时刻，曹操对于是否主动出击袁绍军犹豫不决。此时，局势陷入胶着，曹军粮草将尽，而袁绍军则兵多粮足。

许攸本为袁绍的重要谋士，他向袁绍献策，建议袁绍派一支轻骑乘虚偷袭许都，劫持汉献帝，以此号令天下，进而一举击败曹操。然而，袁绍刚愎自用，不仅拒绝了许攸的计策，还对其态度傲慢。恰在此时，许攸家中有人犯法，留守邺城的审配将其家人逮捕治罪。许攸得知此事后，又气又急，对袁绍彻底失望，经过一番权衡，最终决定转投曹操。

曹操听闻许攸来投，喜出望外，赤脚相迎。许攸向曹操透露了袁绍军粮草囤积于乌巢的重要情报，并建议曹操轻兵奇袭乌巢。曹操当机立断，亲率精锐部队，打着袁军旗号，趁夜奔袭乌巢。在乌巢，曹军大破袁绍守军，烧毁其辎重。袁绍得知乌巢被袭，匆忙分兵救援，但为时已晚。袁军见辎重尽失，军心大乱，曹操趁机挥军出击，一举击溃袁绍的主力部队。

官渡之战以曹操的全面胜利告终，此役为曹操统一北方奠定了坚实基础。

官渡之战后，曹操势力大增，然而袁绍的残余势力仍在北方各地盘踞。袁绍死后，他的长子袁谭和幼子袁尚因争夺冀州牧之位而矛盾激化。

郭嘉建议曹操采用缓兵之计，暂时按兵不动，佯装南征刘表。曹操采纳了郭嘉的建议，引军南下。袁谭、袁尚果然中计，为争夺冀州而大打出手，兄弟二人的内斗使得袁氏势力进一步分裂削弱。曹操见时机成熟，迅速回师北上，采用分化瓦解、各个击破的策略。他先与袁谭联合击败袁尚，后又在袁谭背叛时将其攻灭，最终消灭了袁谭和袁尚的势力，基本实现了北方的统一。

智慧之光耀三国，英名永传铸丰碑

郭嘉一生为曹操鞠躬尽瘁，他的智慧和谋略为曹操集团的发展壮大做出了不可磨灭的贡献。他的“十胜十败论”以及在官渡之战等一系列战役中所展现出的谋略智慧，直到今天仍为人们所称赞。

郭嘉的“十胜十败论”绝非仅为激励士气的言语，而是经对曹操与袁绍集团深度洞察后得出的精确判断。郭嘉通过全方位对比双方优劣，让曹操清晰地认识到自身优势所在，从而实现了从被动防御心理向下定主动出击决心的转变，为后续军事行动奠定了坚实战略心理基础。

从现代视角审视，郭嘉的策略在商业竞争中极具借鉴意义。企业在市场竞争中，若长期处于被动防御状态，不仅发展受限，甚至可能有被淘汰的风险。企业领导者须深入剖析自身与竞争对手的优势与劣势。只有精准把握自身优势，明确对手短板，才能制定出契合自身发展的战略规划，摆脱盲目跟风，不再被动应对竞争。同时，在竞争激烈的市场环境中，要善于捕捉市场变化的关键节点，这恰如战争中把握战机。一旦发现机遇，就要果断出手，如同曹操依据“十胜十败论”所展现的主动出击精神，将企业从被动防御的困境中解脱出来，迈向主动开拓市场、引领行业发展的新征程。

- 郭嘉“十胜十败论”的精华之处
  - 道胜：奉天子以令诸侯。
  - 义胜：发义兵征讨叛逆。
  - 治胜：法令严明对比袁绍政令废弛。
  - 度胜：用人唯才是举对比袁绍任人唯亲。
  - 谋胜：自身善谋断对比袁绍多谋少决。
  - 德胜：恩厚待人对比袁绍外宽内忌。
  - 仁胜：对百姓施仁政对比袁绍残害百姓。
  - 明胜：赏罚分明对比袁绍赏罚不明。
  - 文胜：以少克众、用兵如神对比袁绍不懂军事。
  - 武胜：军队训练有素对比袁绍军队士气低落。

坚定信念，坚守初心的精神力量

我们常探讨如何凭借坚定信念与初心突破困境，实现变革与发展。回溯北宋中期，同样面临着相似的严峻挑战：外部强敌虎视眈眈，内部社会矛盾尖锐，民生艰难，国力逐渐衰退。在这内忧外患的局面下，一位关键人物登上了历史舞台，他就是王安石。出身书香门第的他，凭借卓越智慧与坚定意志，勇挑重担，通过大刀阔斧的变革，为北宋寻求新的发展出路。

年少立志，勤学不辍

公元 1021 年，王安石出生在一个知识分子家庭，自小便受到良好的教育。他的父亲王益是一位颇有学识的地方官员，富于文学才华。在父亲的熏陶下，王安石自幼便勤奋好学，博览群书。他不仅研读四书五经，还广泛涉猎诸子百家，尤其对《孟子》中的民本思想情有独钟。少年时期的王安石已经展现出了超乎常人的才华和对国家未来的深深忧虑。

步入仕途后，王安石先后担任过鄞县知县等职务。在鄞县任职期间，他深入民间，了解百姓疾苦，积累了丰富的基层工作经验。他发现，北宋的土地兼并现象严重，贫富差距日益扩大，政府的税收政策又加重了农民的负担。这些问题激发了他改革的决心，他认为唯有从根本上改变现状，才能拯救国家于危难之中。

得遇明主，推行变法

年轻的宋神宗赵顼即位后，渴望改变国家现状，迫切需要一位能够带领国家走出困境的大臣。这时，王安石因其卓越的政治才能进入了宋神宗的视野，并被任命为参知政事，开始了他轰轰烈烈的变法之路。

方田均税法：公平赋税，减轻负担

这一法令旨在重新丈量全国土地，根据土地的实际面积来征收赋税，以此来减少逃税漏税的现象。王安石认为，只有准确地掌握土地数量，才能合理地分配赋税负担，确保国家财政收入的同时减轻农民的经济压力。这项改革的目标是打击豪强地主，减少土地兼并，实现土地资源的合理分配，从而促进农业生产的增长和社会的稳定。

青苗法：扶助农民，抵御高利贷

青苗法是王安石为了帮助农民解决借贷问题提出的一项措施。通过设立官方借贷机构，向农民提供低息贷款，以防止放高利贷者剥削农民。颁布这项法令的初衷是为了保障农民的利益，确保他们在春耕时节能够获得必要的资金支持，避免因缺乏资金而被迫放弃耕作。然而，在实际执行过程中，地方官员的腐败以及操作上的困难造成了一些负面影响。

市易法：稳定物价，保护消费者

市易法则是针对商业领域的改革措施。它旨在通过政府控制市场交易，稳定物价，防止商人囤积居奇。这项法令的目标是保护消费者的权益，确保市场上商品供应充足、价格合理。然而，这项政策在实施过程中也遇到了阻力，因为商人阶层对此表示强烈反对，认为这是对自由市场的干预。

军队改革：强化国防，提升战斗力

除了经济和社会改革之外，王安石还致力于军队改革。他提出了保甲法等一系列措施来提高军队的战斗力。他认为，只有强大的国防力量才能保证国家安全。为此，他主张加强地方武装力量，减少对中央禁军的依赖，从而提升整个国家的防御能力。此外，他还提倡通过训练和装备改进来提升军队的整体素质。

农田水利法：兴修水利，助力农业发展

农田水利法是王安石变法中的一项重要举措。该法鼓励各地开垦荒地、兴修水利工程，由当地住户按户等出资兴修水利。若财力不足，可向官府贷款，利息较低。对于私人无力兴修的大型水利工程，官府会出面组织修建。此法令极大地改善了农业灌溉条件，促进了农田的开垦与耕种，对农业生产的发展起到了积极的推动作用，为国家的粮食供应和经济基础的稳固奠定了基础。

募役法：革新役制，促进社会发展

募役法针对当时的差役制度进行改革。原本百姓须轮流为官府服差役，这严重影响了他们的正常生产生活。募役法规定，废除原来按户等轮流充当州县差役的办法，改由州县官府自行出钱雇人应役。各州县预计每年雇役所需经费，由民户按户等高下分摊。这种方式使得那些原本需要服差役的农民能够从繁重的劳役中解脱出来，有更多时间从事农业生产或其他经济活动，提高了劳动生产率，同时也增加了政府的财政收入，促进了社会经济的发展。

均输法：优化物资调配，节省财政开支

均输法主要针对物资的采购与运输进行改革。在以往，各地向京城输送物资时，往往不考虑实际需求和路途远近，造成了大量的浪费和沉重的财政负担。均输法规定，在东南六路设置发运使，负责了解各地生产情况和宫廷的需求情况，按照“徙贵就贱，用近易远”的原则，统一收购和运输物资。通过合理调配物资，既保证了京城的物资供应，又减少了采购和运输成本，节省了国家财政开支，提高了物资调配的效率。

保马法：改良马政，增强军事力量

保马法是王安石为改善马匹质量、增强军事力量而推行的措施。宋朝以往的马政存在诸多弊端，官马饲养成本高且马匹质量不佳。保马法规定，废除牧马监，将原牧马监养马的土地租给农民耕种，政府把官马分配给愿意养马的民户，由民户代养。养马户可获得一定的补贴和优惠政策，如免除部分赋税等。同时，政府对马匹的饲养、繁殖等进行严格监督和管理。这一举措降低了马匹的饲养成本，提高了马匹的质量和数量，为军队提供了更好的战马资源，从而增强了宋朝的军事力量。

军器监法：加强军备生产，提升武器质量

军器监法旨在改进兵器制造和管理。宋朝当时的兵器制造存在管理混乱、质量低下等问题。王安石设立军器监，专门负责监督制造兵器。军器监选派有才能的人担任监官，大力招募工匠，鼓励他们进行技术创新和改进。同时，制定了严格的兵器制造标准和检验制度，对兵器的生产过程进行全程监督。通过这些措施，军器监制造出了大量质量优良的兵器，提升了宋军的装备水平，为军队战斗力的提升提供了有力保障。

此外，还有保甲法、裁军法，等等。

改革艰难，终遭挫折

王安石变法旨在扭转北宋积贫积弱的局面，其初衷无疑是积极且具有前瞻性的。然而，这场变法最终以失败告终，背后有着多方面深层次的原因。

从政治层面来看，保守派势力的强烈抵制是变法失败的重要因素。以司马光为代表的保守派秉持传统的儒家理念，认为祖宗之法不可轻易变更。在他们眼中，王安石变法中的诸多举措，如青苗法、募役法等，过于激进，扰乱了原有的社会秩序和政治格局。保守派在朝廷中根基深厚，拥有众多官员的支持，他们从理论层面质疑变法的合理性，通过各种渠道对变法进行抨击，在朝堂上形成了强大的反对声浪，极大地阻碍了变法的顺利推行。

经济利益的冲突也成为变法的巨大阻碍。变法中的许多措施，如方田均税法，旨在清查豪强地主隐瞒的土地，增加国家财政收入，这直接触及了大地主、大官僚等既得利益集团的核心利益。这些既得利益者在社会上拥有广泛的资源和影响力，他们利用自身的权势，或明或暗地抵制变法措施的实施。在地方层面，他们通过各种手段干扰政策执行，使得改革难以真正落地生效。

王安石个人的性格特点也对变法产生了一定影响。王安石性格执拗，被时人称为“拗相公”。在变法过程中，他过于坚持己见，不善于在一些关键问题上与保守派或中间势力进行必要的妥协和沟通。这使得原本可以争取的部分力量站到了变法的对立面，进一步加剧了变法阵营与反对阵营之间的矛盾，不利于变法形成广泛的支持基础。

此外，变法在执行过程中也出现了严重问题。一些变法措施在设计上虽有良好初衷，但在实际推行过程中，由于缺乏有效的监督和管理机制，被部分地方官员扭曲利用。例如青苗法，本意是在青黄不接时为农民提供低息贷款，帮助他们渡过难关，但部分官员为了政绩，强行摊派贷款，使得农民反而承受了更重的负担，引发了民众对变法的不满，严重损害了变法的声誉。

改革精神，永载史册

面对来自保守派的强烈反对以及既得利益者的重重阻挠，王安石没有丝毫退缩。他性格中的倔强因素在此时转化为坚定改革的强大动力。他积极寻求皇帝的支持，不断向宋神宗阐述变法的必要性和紧迫性，以期以坚定的信念感动君主。

即使在变法遭遇挫折、部分措施未能达到预期效果时，他依然坚守初心，继续为国家发展谋划，不断调整和完善改革方案。他深知改革之路布满荆棘，但为了国家的繁荣富强，他倾尽全力，勇往直前，其精神品质成为历史长河中熠熠生辉的瑰宝，为后人提供了无尽的精神滋养与借鉴范例。

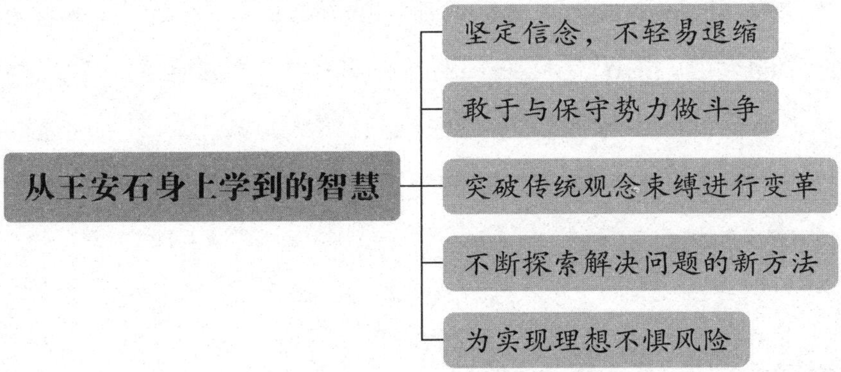

借助赏识者力量，在东风助力下崭露头角

在竞争日益白热化的当今社会，懂得借助赏识者的力量，就如同乘上东风，往往能脱颖而出。回溯到明朝嘉靖年间，彼时的官场环境恰似波涛汹涌的大海，内部党派斗争激烈，政治生态污浊不堪，严嵩等权臣宛如掌控航向的舵手，势焰熏天。在这样的大背景下，初入仕途的张居正虽拥有卓越的政治才能与炽热的报国之心，却也只能在官场的暗流中默默蛰伏，等待破局之机。

崭露头角，进入权力核心

嘉靖末年，政治局势逐渐发生变化。严嵩倒台后，徐阶成为内阁首辅。张居正得到徐阶的赏识和提拔，开始在朝廷中有了更多的话语权。他积极参与朝政事务，提出了许多建设性的意见。

隆庆年间，张居正继续在朝廷中发挥重要作用。他与高拱等大臣一起辅佐皇帝，致力于解决国家面临的各种问题。在这期间，他对明朝的政治、经济、军事等方面的弊端有了更深刻的认识，心中逐渐形成了一

套改革的方案。

隆庆元年六月，张居正迎来了他人生中最重要的时刻——成为内阁首辅。此时的明朝历经多年的内忧外患，国力衰退，财政危机严重，军事上也屡屡受挫。张居正深知，若不进行大刀阔斧的改革，明朝将走向衰落。

推行新政

张居正为了挽救明王朝、缓和社会矛盾，在政治、经济、国防等各方面进行了一场变法革新运动。

这次改革强化了中央集权，基本上实现了“法之必行”“言之必效”。其中最著名的是关于土地和税收的改革。

1. 清查土地

明朝中期，土地兼并之风愈演愈烈。权贵豪门与地方豪绅相互勾结，大量肥田沃土被隐匿不报。彼时诸多官宦之家广占膏腴之地，致使国家税基日益萎缩，财政亏空愈发严重。

张居正出任内阁首辅后，毅然将土地清查列为改革的首要任务。他颁下政令，要求各地官员务必如实核查每一处田亩，精心绘制土地鱼鳞图册，详细标注土地所有者、面积等关键信息。

此举无疑触动了权贵阶层的根本利益，诸多皇亲国戚、达官显贵纷纷抵制，妄图阻挠改革推进。然而，张居正秉持坚定信念，毫无退缩之意，借助万历帝的支持，强力推行改革措施。他严令各级官员恪尽职守，对敷衍塞责、弄虚作假者予以严惩。

历经数年艰苦努力，土地清查工作终获显著成效，众多此前被隐瞒的土地得以重新登记。此次清查新增纳税土地达数百万顷，国家赋税基础得以大幅拓展，为后续一系列改革举措的实施奠定了坚实物质基础。

2. 推行一条鞭法

在税收制度方面，张居正推行了一条鞭法。将田赋、徭役以及其他杂征合并为一体，折成银两征收。这一改革简化了税收流程，减少了中间环节的腐败现象。百姓不再需要亲自服徭役，可以通过缴纳银两来代替，大大减轻了农民的负担。同时，也促进了商品经济的发展，增加了国家的财政收入。

经过张居正十年的努力改革，明朝的国力得到了显著恢复。财政收入增加，仓库充盈；军队战斗力提高，边防稳固；官场风气清正，行政效率提升。因此，“万历新政”成为明朝历史上的一段辉煌时期。

然而，张居正的改革也触动了许多权贵和保守势力的利益。在他生前，这些势力虽然对他有所忌惮，但不敢公然反抗。在张居正去世后，反对势力开始对他进行清算。他的家人受到牵连，一些改革措施也被废除。但不可否认的是，张居正的改革对明朝的发展产生了深远的影响，他的功绩永远铭刻在历史的长河中。

智解困局担国运，心绘蓝图振朝纲

张居正的改革手段刚柔并济，智慧超群。他在面对权贵的反对时，既有强硬的一面，坚决推行改革措施，毫不退缩；又有灵活的一面，善于利用各种政治关系和手段，为改革创造了有利条件。他深知改革的复杂性和艰巨性，却依然能够巧妙地周旋于各方势力之间，以坚定的信念和卓越的智慧推动改革不断前行。

张居正的智慧还体现在他对人心的把握上。他深知改革不仅要依靠制度和政策，更要赢得人心。在推行改革的过程中，他善于团结一切可以团结的力量，争取到了一部分有识之士的支持。同时，他也巧妙地利用舆论工具宣传改革的必要性和好处，为改革营造了良好的社会氛围。他的手段虽然有时显得强硬，但都是基于对国家命运的深切忧虑和对改革成功的强烈渴望。

张居正明白，要想实现大规模的改革，必须有坚定的决心和强大的执行力。他以自己的行动诠释了什么是政治家的担当和智慧，为后世树立了光辉的榜样。即使在面对重重困难和挫折时，他也从未放弃过自己的理想和信念，始终如一地为国家的复兴而努力奋斗。

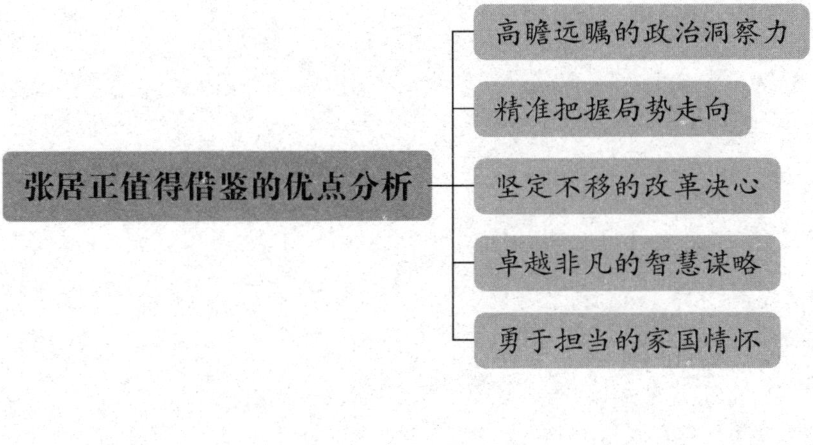